読めばわかる！

世《せ》界《かい》地《ち》理《り》

監修／竹林和彦（早稲田実業学校教諭）
編著／朝日小学生新聞

朝日学生新聞社

はじめに

「将来《しょうらい》は、外国《がいこく》で仕事《しごと》がしたい！」「世界一周《せかいいっしゅう》してみたい！」そんな夢《ゆめ》を持《も》っている人《ひと》もいるかもしれませんね。

英語《えいご》を勉強《べんきょう》しているみなさんの中《なか》には、そんな夢《ゆめ》を持《も》ってい

たしかに、英語《えいご》は外国《がいこく》へ行《い》くために欠《か》かせない知識《ちしき》です。でも、それと同《おな》じくらい必要《ひつよう》なのが、その国《くに》の環境《かんきょう》や文化《ぶんか》、思想《しそう》（ものの考《かんが》え方《かた》）などを知《し》ろうとする気持《きも》ちです。

たとえば日本には、「お寺《てら》や神社《じんじゃ》では静《しず》かにする」「乗《の》り物《もの》の中《なか》で電話《でんわ》をかけてはいけない」など、日本人《じん》なら当《あ》たり前《まえ》のルールがあります。また、四季《しき》がある日本では、夏《なつ》には薄着《うすぎ》、冬《ふゆ》に

はコート、そして梅雨《つゆ》には雨具《あまぐ》が欠《か》かせません。それらを知《し》らずに日本にやってくる人々《ひとびと》を見《み》て、あなたはどう思《おも》うでしょう。「もっと日本のことを学《まな》んできてくれたらうれしいのに」と思《おも》うのではありませんか？　どこの国《くに》の人《ひと》たちも、考《かんが》えることは一緒《いっしょ》。「知《し》ろう」とすることは、その国《くに》の人《ひと》たちに「思《おも》いやり」を持《も》つことと同《おな》じなのです。

「世界地理《せかいちり》」というとかた苦《くる》しく聞《き》こえるかもしれませんが、ようするに、この本《ほん》の中《なか》に書《か》かれていることはすべて、世界《せかい》のだれかを喜《よろこ》ばすことができる情報《じょうほう》、ということ。そう考《かんが》えると、なんだかうれしくなってきませんか？

さあ、ページをめくって、世界《せかい》を「知《し》り」にいきましょう。

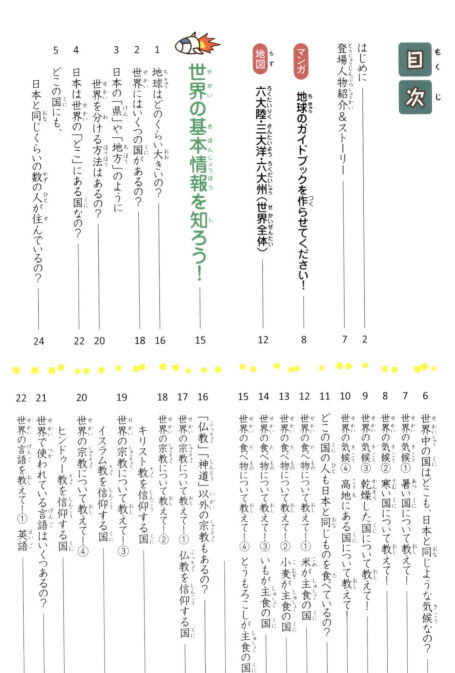

目次《もくじ》

世界《せかい》の基本情報《きほんじょうほう》を知《し》ろう！　15

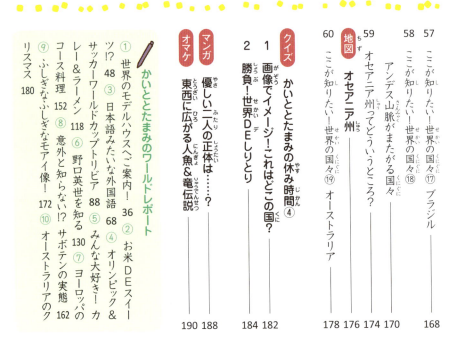

登《とう》場《じょう》人《じん》物《ぶつ》紹《しょう》介《かい》

宇宙《うちゅう》から来《き》た（エリート）記者《きしゃ》コンビ!?

かいと

シャカーイ星《せい》の宇宙《うちゅう》出版社《しゅっぱんしゃ》で働《はたら》く男《おとこ》の子《こ》。プライドが高《たか》い。

たまみ

かいとともにやってきた女《おんな》の子《こ》。おしとやかだが負《ま》けず嫌《ぎら》い。

誰《だれ》よりも世界《せかい》を知《し》る ガイド的存在《てきそんざい》!

リュウ

一見人間《いっけんにんげん》の男《おとこ》の子《こ》だが、正体《しょうたい》は竜《りゅう》。世界《せかい》中《じゅう》を行《い》き来《き》して生《い》きてきた。

ウミ

世界《せかい》の海《うみ》を泳《およ》いできた人魚《にんぎょ》。地球人《ちきゅうじん》をよく知《し》らない二人《ふたり》には人間《にんげん》だと思《おも》われている。

ストーリー

地球上《ちきゅうじょう》のどこかにある、湖《みずうみ》のほとり。世界中《せかいじゅう》を移《い》動《どう》しながら生《い》きているモンスターであるリュウとウミは、その場所《ばしょ》でひとときの休息《きゅうそく》を楽《たの》しんでいました。

そこにとつぜん現《あらわ》れたのは、1台《だい》のロケット！ 乗《の》っていたのは、「シャカーイ星《せい》」というかなたの星《ほし》からやってきた、宇宙人《うちゅうじん》の子《こ》どもでした。果《は》たして、この二人《ふたり》の目的《もくてき》は何《なん》なのでしょうか？ 長《なが》いようで短《みじか》い旅《たび》の始《はじ》まりです。

大ベストセラー!!
日本地理
in 地球
ガイドブック
読めばわかる!
日本地理
地球
ゴオオオ
ぎゃ――――!!
ドッカ――ン

着いたみたいだな…
はい…
はっ
これは地球のお方はじめまして!!
我々はこういう者です!
シャカーイ星
宇宙出版社
私たち
ガイドブックの編集者なんです
超優秀
たまみ
かいと
そういえばこの間　日本に取材しに来た宇宙人がいたって聞いたけど…

ボロッッ
読めばわかる！
日本地理
この本が出るまでは
めっちゃ読みこんでるじゃん！
キャ――――!?
我々はずっとナンバーワン編集者だった…
そう…
くやしいけれどこの本は売れていて
だから私たちは地球全体のガイドブックを作ろうと思ったんです
そう！
地球のガイドブックを作って大ヒット！
そしてナンバーワンの座も取り戻すのだ！
ライバルにナンバーワンの座をうばわれたのね

……
ぼくはリュウ
私はウミ
よろしくね！
うふふ
メモメモ
地球には足が魚の人もいるんですね
でも世界は広いよ？
だからこそ優秀な我々が本にするんじゃないか！
ニヤリ
仕方ないなあ
ぼくたちが世界のことを教えてあげるよ
え！

六大陸《ろくたいりく》・三大洋《さんたいよう》・六大州《ろくだいしゅう》

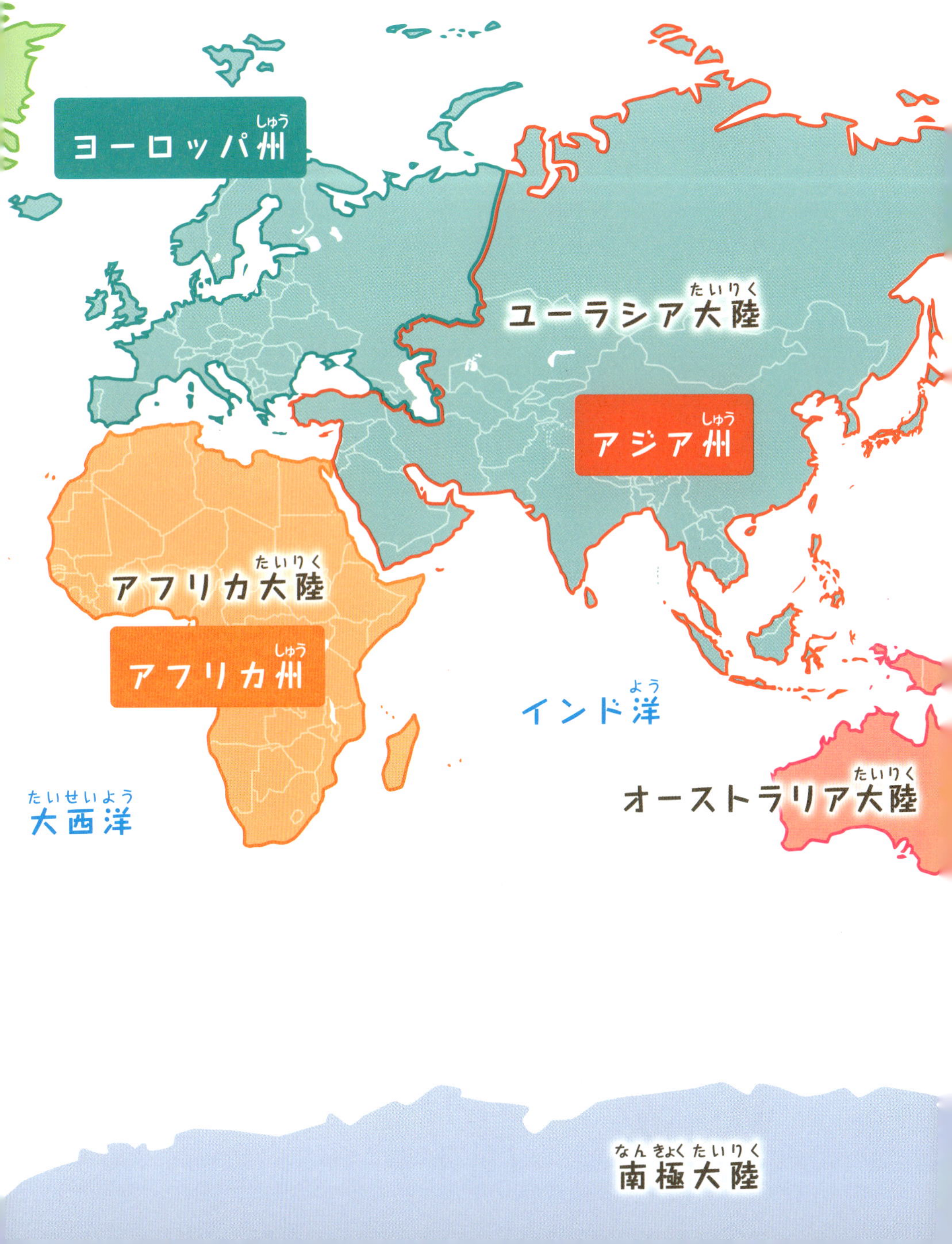

ヨーロッパ州《しゅう》
ユーラシア大陸《たいりく》
アジア州《しゅう》
アフリカ大陸《たいりく》
アフリカ州《しゅう》
インド洋《よう》
大西洋《たいせいよう》
オーストラリア大陸《たいりく》
南極大陸《なんきょくたいりく》

こうして、かいととたまみは、リュウとウミから「世界《せかい》」についての集中講義《しゅうちゅうこうぎ》をしてもらうことになりました。ライバルである「日本ガイドブック」よりいい本《ほん》を作《つく》るためにも、さまざまな視点《してん》から世界《せかい》を見聞《みき》きする必要《ひつよう》があります。

みなさんも二人《ふたり》といっしょに、ふだんはなかなか行《い》く機会《きかい》のない、海外《かいがい》の国《くに》について調《しら》べてみませんか？

いつかきっと、知《し》っておいて良《よ》かったと思《おも》う日《ひ》がやってくるはずですよ。

世界《せかい》の基本情報《きほんじょうほう》を知《し》ろう！

はじめに
世界《せかい》がどれだけ広《ひろ》いのか
どんな場所《ばしょ》にどんな人《ひと》が
どんなふうにくらしている
のか教《おし》えてくれないか

【１】地球《ちきゅう》はどのくらい大《おお》きいの？

日本のおよそ１３５０倍《ばい》の広《ひろ》さがあるよ

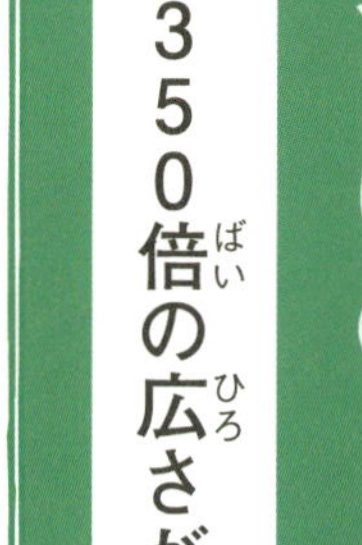

世界《せかい》、つまり地球《ちきゅう》の表面積《ひょうめんせき》は、およそ５億《おく》１０００万《まん》㎢。あまりにも大《おお》きな数字《すうじ》だから、ピンとこないかもしれないね。

じゃあ、こんなふうに考《かんが》えてみたらどう？

〝地球《ちきゅう》の表面積《ひょうめんせき》いっぱいに日本をしきつめたら、いくつ入《はい》る？〞

日本の面積《めんせき》は、およそ37万《まん》７９００㎢。これを計算《けいさん》すると……なんと、１３５０個《こ》も入《はい》ることに！　世界《せかい》の広《ひろ》さを、なんとなく実感《じっかん》してもらえたかな。

ちなみに、5億《おく》1000万《まん》㎢のうち、**陸地《りくち》はたったの30%**。残《のこ》りの**70%は海《うみ》なんだ**。宇宙《うちゅう》から見《み》た地球《ちきゅう》が青《あお》いのは、**海《うみ》の面積《めんせき》のほうがずっと大《おお》き**いからなんだね。

海の面積は、陸地の倍以上もあるんだな

30%の陸地の中に、いくつの国が入っているんでしょう?

【2】世界《せかい》にはいくつの国《くに》があるの？

およそ190の独立国《どくりつこく》があるのよ

２０１７年現在《ねんげんざい》、世界《せかい》には**おおよそ190の国《くに》**が存在《そんざい》しているわ。あいまいな表現《ひょうげん》でごめんなさいね。実《じつ》は、地球上《ちきゅうじょう》に存在《そんざい》する国《くに》の数《かず》に、世界共通《せかいきょうつう》の答《こた》えはないの。

それは、国《くに》によって、**「国《くに》を『独立国家《どくりつこっか》』として認《みと》める基準《きじゅん》」が異《こと》なっているため。**

たとえば、現在《げんざい》、日本が認《みと》めている国《くに》の数《かず》は196か国《こく》。意外《いがい》だけれど、この中《なか》に台湾《たいわん》や北朝鮮《きたちょうせん》※1は入《はい》っていないの。台湾《たいわん》は中国《ちゅうごく》※2の、北朝《きたちょう》

シャカーイ星にあるのは第一シャカーイ国、第二シャカーイ国、第三シャカーイ国…
第四シャカーイ国、第五シャカーイ国…
ごめんなさい
もういいわ

鮮《せん》は朝鮮半島《ちょうせんはんとう》の「地域《ちいき》」と考《かんが》えられているのね。

ちなみに、196か国《こく》の中《なか》で一番大《いちばんおお》きい国《くに》は**ロシア連邦《れんぽう》**で、面積《めんせき》は約《やく》1710万《まん》㎢。一番小《いちばんちい》さな国《くに》は、イタリアのローマ市内《しない》に存在《そんざい》する**バチカン**で、面積《めんせき》は約《やく》0.44㎢よ。

世界共通の数がないのは不思議ですね

バチカンは「国の中にある国」なんだな。おもしろい！

※1 正式名称は「朝鮮民主主義人民共和国」。
※2 正式名称は「中華人民共和国」。

【3】日本の「県《けん》」や「地方《ちほう》」のように世界《せかい》を分《わ》ける方法《ほうほう》はあるの？

「大陸《たいりく》」「大洋《たいよう》」「大州《たいしゅう》」を覚《おぼ》えておこう

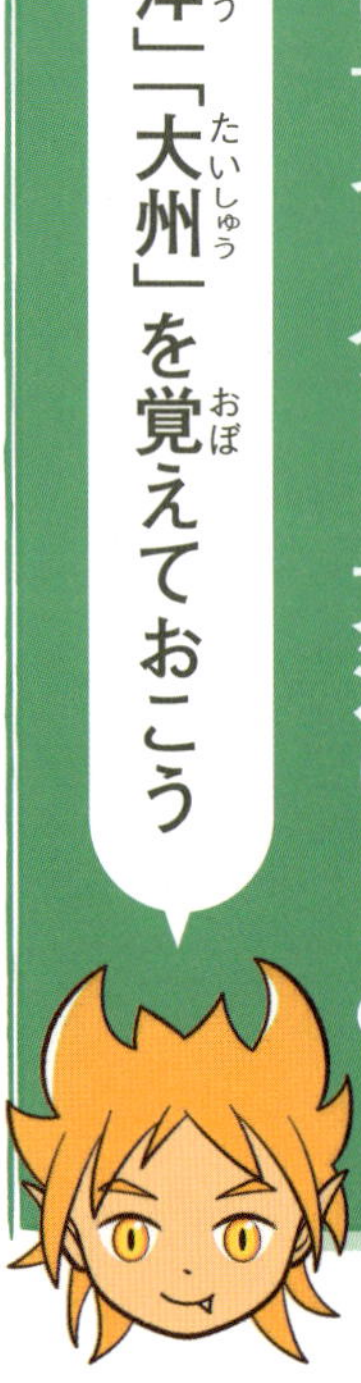

よく使《つか》われるのは、**六大陸《ろくたいりく》**と**三大洋《さんたいよう》**、**六大州《ろくだいしゅう》**という分《わ》け方《かた》かな。

大陸《たいりく》とは、ひと続《つづ》きになっている大《おお》きな陸地《りくち》のこと。地球上《ちきゅうじょう》には、**ユーラシア大陸《たいりく》**、**アフリカ大陸《たいりく》**、**北《きた》アメリカ大陸《たいりく》**、**南《みなみ》アメリカ大陸《たいりく》**、**南極大陸《なんきょくたいりく》**、**オーストラリア大陸《たいりく》**という6つの大陸《たいりく》があって、これらを合《あ》わせて「六大陸《ろくたいりく》」と呼《よ》ぶんだ。

「三大洋《さんたいよう》」は、地球《ちきゅう》をおおう大《おお》きな海《うみ》を、場所《ばしょ》によって3つに区《く》切《ぎ》ったときの呼《よ》び名《な》だよ。それぞれ、**太平洋《たいへいよう》**、**大西洋《たいせいよう》**、**インド洋《よう》**と

ちがう大陸に行きたいときはどうやって大洋をこえているんだ？
飛行機か船かな
飛んでいく…
泳いでいく…

いう名前《なまえ》がついているから、覚《おぼ》えておこう！
一方《いっぽう》「六大州《ろくだいしゅう》」とは、大陸《たいりく》に島《しま》を加《くわ》えた陸地全体《りくちぜんたい》を、文化《ぶんか》や歴史《れきし》に注目《ちゅうもく》しながら区《く》切《ぎ》った領域《りょういき》のこと。**アジア州《しゅう》、ヨーロッパ州《しゅう》、アフリカ州《しゅう》、北《きた》アメリカ州《しゅう》、南《みなみ》アメリカ州《しゅう》、オセアニア州《しゅう》**に分《わ》けられるんだ。ちなみに、日本は島国《しまぐに》だから、大陸《たいりく》にはふくまれないけれど、六大州《ろくだいしゅう》で表《あらわ》すと「アジア州《しゅう》の国《くに》」ということになるよ。

ユーラシア大陸は、ヨーロッパ州とアジア州に分かれるんですね

二つの州をまたいでいる国もあるみたいだな

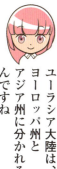

【4】日本は世界《せかい》の「どこ」にある国《くに》なの？

緯度《いど》、経度《けいど》で表《あらわ》すことができるわ

日本はアジア州《しゅう》にある国《くに》よ。ユーラシア大陸《たいりく》の東側《ひがしがわ》に位置《いち》する島国《しまぐに》で、上空《じょうくう》からだと、太平洋《たいへいよう》に浮《う》かんでいるように見《み》えるわ。でも、それだけじゃ日本が地球上《ちきゅうじょう》の「どこ」にあるのか、はっきりしないわよね。そんなときに便利《べんり》なのが、緯線《いせん》と経線《けいせん》！　この二《ふた》つを使《つか》えば、地球上《ちきゅうじょう》のどんな場所《ばしょ》でも数字《すうじ》で表《あらわ》すことができるのよ。

緯線《いせん》とは、北極《ほっきょく》と南極《なんきょく》のちょうど真《ま》ん中《なか》にある線《せん》・赤道《せきどう》と平行《へいこう》に引《ひ》かれた横線《よこせん》のこと。一方《いっぽう》、経線《けいせん》とは、北極《ほっきょく》と南極《なんきょく》を結《むす》ぶように引《ひ》

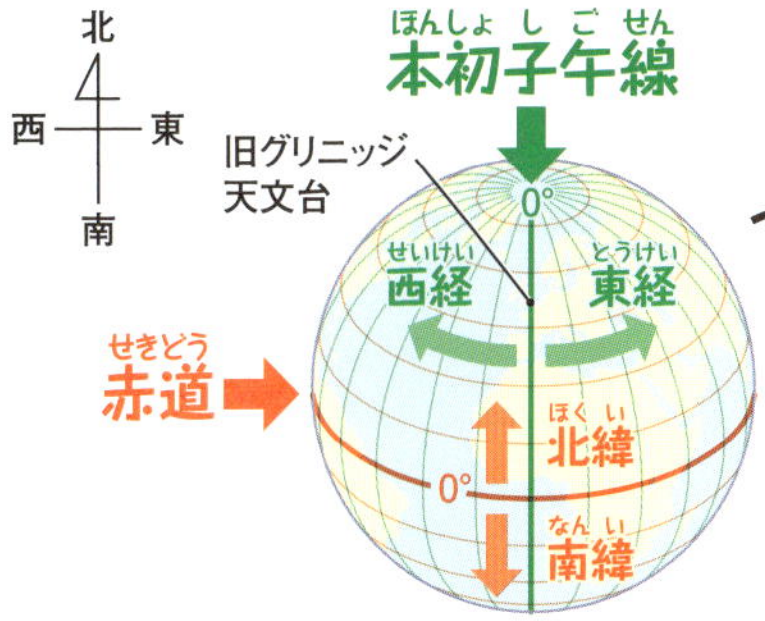
北
西
東
南
本初子午線《ほんしょしごせん》
旧グリニッジ天文台
0°
西経《せいけい》
東経《とうけい》
赤道《せきどう》
北緯《ほくい》
0°
南緯《なんい》

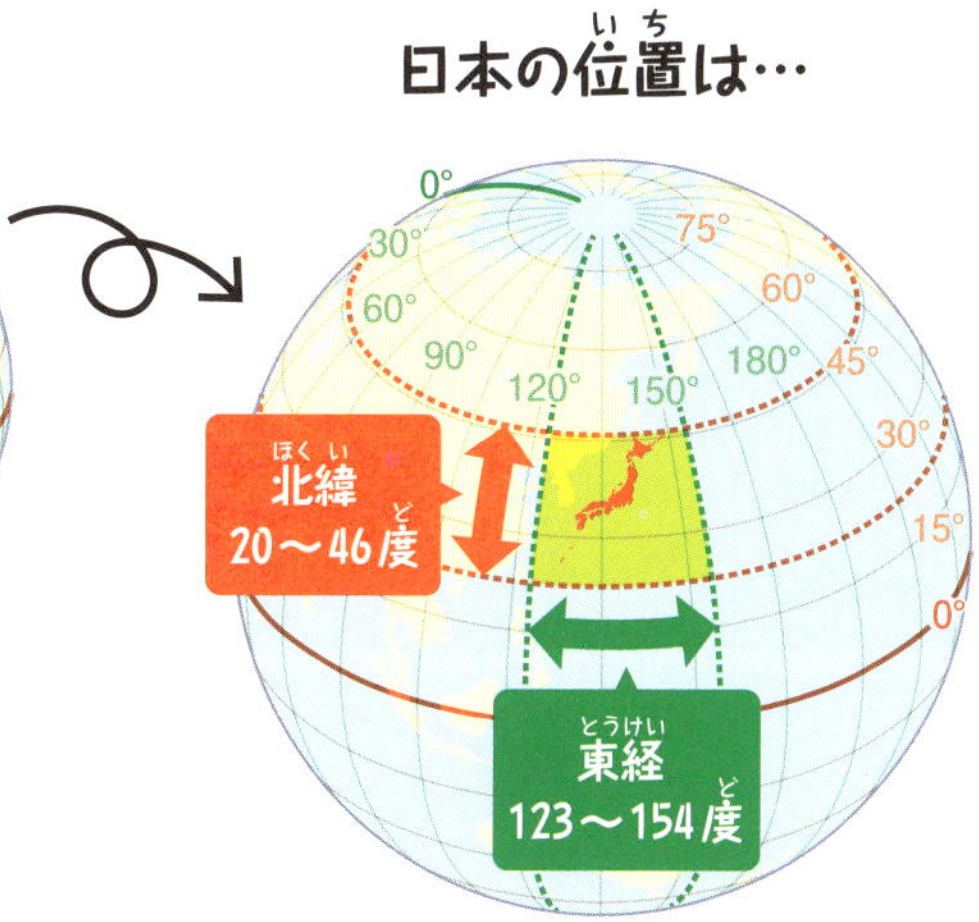
日本の位置《いち》は…
0°
75°
30°
60°
60°
90°
180°
45°
120°
150°
30°
北緯《ほくい》
20～46度《ど》
15°
0°
東経《とうけい》
123～154度《ど》

経度が15度ちがうと、
1時間の時差が
生まれるのよ

かれたたて線《せん》のことなの。ほら、図《ず》を見《み》てみて！　赤道《せきどう》を地球《ちきゅう》の中心《ちゅうしん》＝０度《ど》と考《かんが》えると、日本はだいたい、**北緯《ほくい》20度《ど》から46度《ど》の間《あいだ》に位《い》置《ち》しているのよ。**経線《けいせん》は、ロンドン（イギリスの首都《しゅと》）にある**旧《きゅう》グリニッジ天文台《てんもんだい》を地球《ちきゅう》の中心《ちゅうしん》＝０度《ど》と考《かんが》えるか**ら、日本は**東経《とうけい》123度《ど》から154度《ど》の間《あいだ》にある**ことになるの。こんなふうに、緯《い》線《せん》と経線《けいせん》を使《つか》って表《あらわ》す角《かく》度《ど》のことを、それぞれ**緯《い》度《ど》**、**経度《けいど》**というのよ。

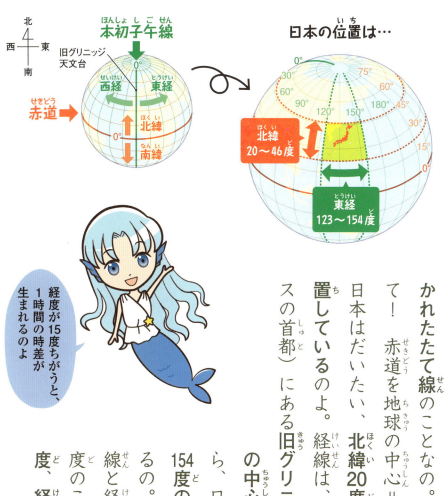

【5】どこの国《くに》にも、日本と同《おな》じくらいの数《かず》の人《ひと》が住《す》んでいるの？

場所《ばしょ》によって人《ひと》の混《こ》み具合《ぐあい》はまったく異《こと》なる！

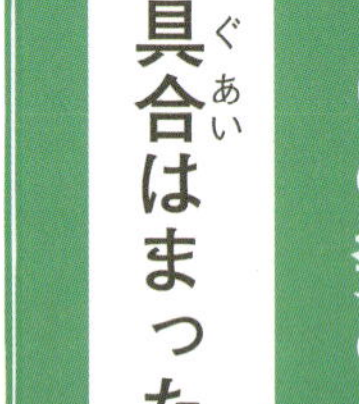

地球上《ちきゅうじょう》には、およそ**73億人《おくにん》**の人間《にんげん》がくらしている（2017年現在《ねんげんざい》）。地球《ちきゅう》の陸地《りくち》の面積《めんせき》は**約《やく》1億《おく》4700万《まん》km^2**（2017年現在《ねんげんざい》）だから、1km^{2}の陸地《りくち》を、およそ50人《にん》で分《わ》け合《あ》っていることになるね。このように、面積《めんせき》に対《たい》する人《ひと》の混《こ》み具合《ぐあい》のことを**人口密度《じんこうみつど》**というよ。

次《つぎ》に、日本の人口密度《じんこうみつど》を計算《けいさん》してみようか。日本の面積《めんせき》は約《やく》37万《まん》7900km^{2}で、人口《じんこう》はおよそ1億《おく》2800万人《まんにん》（2017年現在《ねんげんざい》）。これを計算《けいさん》すると、人口密度《じんこうみつど》は339人《にん》／km^2。つまり、1km^{2}の陸地《りくち》に、お

よそ339人《にん》の人《ひと》がくらしていることになるんだ。
世界全体《せかいぜんたい》と比《くら》べて、ずいぶん混《こ》んできたね！

世界《せかい》には、寒《さむ》すぎる場所《ばしょ》や砂漠《さばく》ばかりの場所《ばしょ》など、人《ひと》が住《す》みにくい地域《ちいき》がたくさんあるんだ。そのような国《くに》は、どうしても人口《じんこう》が少《すく》なくなる。反対《はんたい》に、暖《あたた》かい場所《ばしょ》や、平地《へいち》が多《おお》い場所《ばしょ》、産業《さんぎょう》が発達《はったつ》している場所《ばしょ》には人《ひと》が集《あつ》まってくるんだよ。四季《しき》があり、工業《こうぎょう》が発展《はってん》している日本も、人《じん》口《こう》が多《おお》い国《くに》の一《ひと》つなんだ。

面積の広い国にたくさんの人が住む…というわけにもいかないんですね

人口が多いのは中国やインド、アメリカ合衆国など。少ないのは、バチカン、ニウエ、ツバルだそうだ

【6】世界中《せかいじゅう》の国《くに》はどこも、日本と同《おな》じような気候《きこう》なの？

寒《さむ》い場所《ばしょ》や暑《あつ》い場所《ばしょ》など、5つの気候帯《きこうたい》があるわ

いいえ、そんなことはないわ。たとえば北極《ほっきょく》や南極《なんきょく》は、雪《ゆき》や氷《こおり》におおわれていて、人間《にんげん》が住《す》めないくらい寒《さむ》いでしょう？　これは、同《おな》じ地球上《ちきゅうじょう》でも、場所《ばしょ》によって、太陽《たいよう》が発《はっ》する光《ひかり》や熱《ねつ》のあたり方《かた》が異《こと》なるのが原因《げんいん》。気温《きおん》や、雨《あめ》の降《ふ》る量《りょう》によって、世界《せかい》は**5つの気候《きこう》**に分《わ》けることができるのよ。これを**気候帯《きこうたい》**というの。

一《ひと》つ目《め》は、赤道《せきどう》の近《ちか》くの、**熱帯《ねったい》**と呼《よ》ばれる地域《ちいき》。もっとも気温《きおん》が高《たか》い場所《ばしょ》ね。二《ふた》つ目《め》は適度《てきど》に暖《あたた》かく、四季《しき》のちがいがはっきりして

気候帯《きこうたい》の分布図《ぶんぷず》

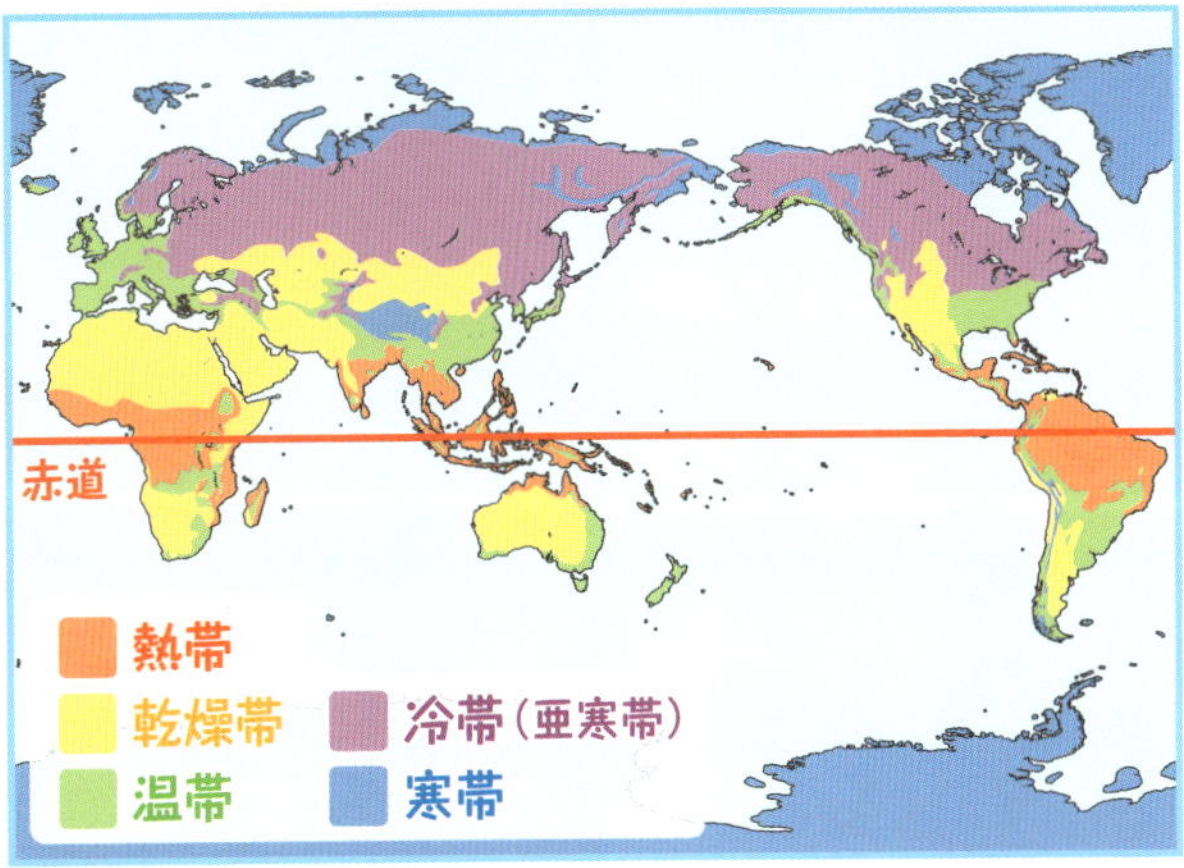
赤道
熱帯
乾燥帯
冷帯(亜寒帯)
温帯
寒帯

赤道から離れるほど寒くなるんですね

いる温帯《おんたい》。日本も温帯《おんたい》に属《ぞく》する国《くに》よ。3つ目《め》は、温帯《おんたい》より少《すこ》し北《きた》にある**冷帯《れいたい》**(**亜寒帯《あかんたい》**)。ここまでは比較的《ひかくてき》、人《ひと》がくらしやすい場所《ばしょ》ね。4つ目《め》は、寒《さむ》さの厳《きび》しい**寒帯《かんたい》**。一年中《いちねんじゅう》、雪《ゆき》や氷《こおり》が見《み》られる地域《ちいき》よ。最後《さいご》は、ほかの4つとは少《すこ》し性質《せいしつ》が異《こと》なる**乾燥帯《かんそうたい》**。雨《あめ》が少《すく》ない地域《ちいき》なの。これから、それぞれをくわしく説明《せつめい》していくわね。

そうか、四季がない国もあるんだな

それぞれの気候をいかした生活の仕方があるんでしょうね

【7】世界《せかい》の気候《きこう》① 暑《あつ》い国《くに》について教《おし》えて！

雨《あめ》と気温《きおん》が植物《しょくぶつ》の成長《せいちょう》にぴったり

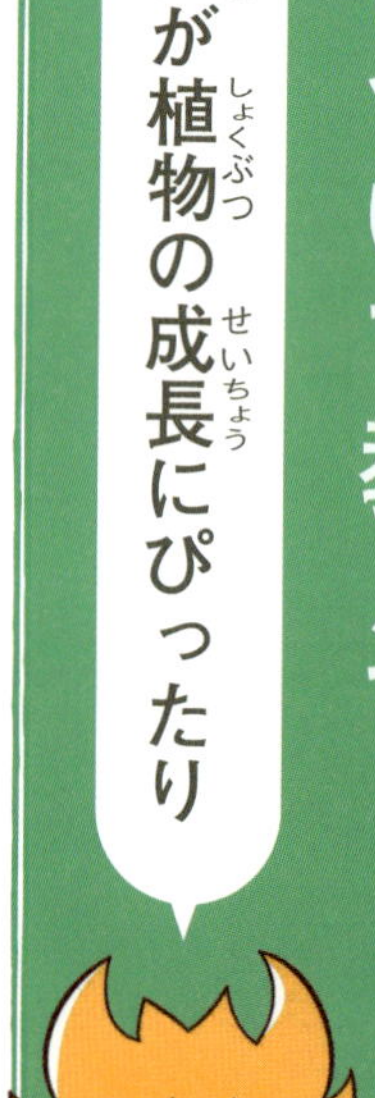

熱帯《ねったい》にふくまれるのは、**赤道《せきどう》の近《ちか》くに位置《いち》する、東南《とうなん》アジア（アジア州《しゅう》の東南側《とうなんがわ》）の国々《くにぐに》や、アフリカ州《しゅう》、南《みなみ》アメリカ州北部《しゅうほくぶ》の国々《くにぐに》、オセアニア州《しゅう》の小《ちい》さな島国《しまぐに》など。**一年中《いちねんじゅう》気温《きおん》が高《たか》く、日本の冬《ふゆ》のように寒《さむ》さを感《かん》じる季節《きせつ》がないことが特《とく》ちょうだね。雨《あめ》が多《おお》い場所《ばしょ》でもあり、昼過《ひるす》ぎになると、**スコール**と呼《よ》ばれる短《みじか》い嵐《あらし》のような雨《あめ》がよく見《み》られるんだ。この気温《きおん》と雨《あめ》が、植物《しょくぶつ》の成長《せいちょう》にもってこい。**熱帯雨林《ねったいうりん》**が生《お》いしげり、生《い》き物《もの》の生活《せいかつ》の場《ば》になっているよ。

スコールは古代の言葉で「さけび」を意味するｓｋｖａｌａが語源とされているよ
さけびみたいな雨……!?

また、同《おな》じ熱帯《ねったい》でも、赤道《せきどう》から少《すこ》し離《はな》れた場所《ばしょ》では、半年《はんとし》ごとに雨《あめ》が降《ふ》らない季節《きせつ》が訪《おとず》れる。熱《ねっ》帯雨林《たいうりん》はないけれど、かわりに**サバナ**という、低《ひく》い木《き》が生《は》えた草原《そうげん》が広《ひろ》がっているよ。

人々《ひとびと》は、暑《あつ》さやじめじめした空気《くうき》をさえぎるため、植物《しょくぶつ》を材料《ざいりょう》にした家《いえ》や、風通《かぜとお》しのいい家《いえ》に住《す》んでいるんだ。けれど最近《さいきん》は、林《はやし》を切《き》り倒《たお》して高層《こうそう》ビルを建《た》て、そこでくらすことも増《ふ》えているみたい。

熱帯雨林がなくなると、そこでくらす生き物もいなくなってしまうな

熱帯雨林はジャングルと呼ばれることもあるそうです

【8】

世界《せかい》の気候《きこう》② 寒《さむ》い国《くに》について教《おし》えて！

土《つち》が凍《こお》るほど寒《さむ》い！ 植物《しょくぶつ》が少《すく》なめの地域《ちいき》よ

冷帯《れいたい》は、**温帯《おんたい》の北側《きたがわ》に位置《いち》する地域《ちいき》。**実《じつ》は日本の北海道《ほっかいどう》も、冷帯《れいたい》にふくまれているのよ。一番《いちばん》の特《とく》ちょうは、夏《なつ》と冬《ふゆ》の気温差《きおんさ》が大《おお》きい、ということかしら。夏《なつ》は気温《きおん》が上《あ》がるから、農業《のうぎょう》や、乳牛《にゅうぎゅう》を育《そだ》てる酪農《らくのう》がおこなえるの。**タイガ**と呼《よ》ばれる大《おお》きな※針葉樹林《しんようじゅりん》も育《そだ》っているわ。一方《いっぽう》、冬《ふゆ》は寒《さむ》さが厳《きび》しくなるのよ。

寒帯《かんたい》は、**一年中雪《いちねんじゅうゆき》と氷《こおり》におおわれた地域《ちいき》。**なんと、年間平均気温《ねんかんへいきんきおん》が0℃以下《いか》なの。とはいえ、寒帯《かんたい》にも短《みじか》い夏《なつ》があるから、地下《ちか》は凍《こお》っ

ているけれど、地上《ちじょう》にはこけや草《くさ》がはえるわ。この地形《ちけい》を**ツンドラ**というの。北極《ほっきょく》や南極《なんきょく》に近《ちか》い（緯度《いど》が高《たか》い）地域《ちいき》になると、地面《じめん》の深《ふか》いところまで凍《こお》りついている**凍土《とうど》**が現《あらわ》れるのよ。また、夏《なつ》には一日中太陽《いちにちじゅうたいよう》がしずまない**白夜《びゃくや》**が、冬《ふゆ》には一日中太陽《いちにちじゅうたいよう》が顔《かお》を出《だ》さない**極夜《きょくや》**が訪《おとず》れることも、緯度《いど》の高《たか》いこの地域《ちいき》の特《とく》ちょう。あ、でも、空《そら》が暗《くら》いとき、条件《じょうけん》がそろえばオーロラが見《み》られるのはうれしいわね。

寒帯は人口密度が低い。人がくらすには寒さが厳しいんだな

寒帯でさかんなのは、トナカイの放牧と、サケ、アザラシの狩猟だそうです

※ 葉《は》が針《はり》のように細長《ほそなが》い、針葉樹《しんようじゅ》と呼《よ》ばれる植物《しょくぶつ》が集《あつ》まった林《はやし》。

【9】世界《せかい》の気候《きこう》③ 乾燥《かんそう》した国《くに》について教《おし》えて！

雨《あめ》がほとんど降《ふ》らない、砂漠地帯《さばくちたい》だよ

乾燥帯《かんそうたい》は、緯度《いど》20～30度《ど》付近《ふきん》や、大陸《たいりく》の内側《うちがわ》の、海《うみ》に面《めん》していない地域《ちいき》で見《み》られる気候《きこう》。1年《ねん》を通《つう》じてほとんど雨《あめ》が降《ふ》らないため、植物《しょくぶつ》が育《そだ》ちにくいという特《とく》ちょうがあるんだ。ごく少量《しょうりょう》の雨《あめ》が降《ふ》る場所《ばしょ》（モンゴルなど）では、**ステップ**という短《みじか》い草《くさ》の生《は》えた草原《そうげん》が見《み》られるけれど、基本的《きほんてき》には**砂漠《さばく》が多《おお》い地域《ちいき》**だね。砂漠《さばく》は、昼《ひる》と夜《よる》の気温差《きおんさ》が激《はげ》しい土地《とち》。昼《ひる》は40℃をこえるくらい暑《あつ》いのに、夜《よる》は10℃以下《いか》まで冷《ひ》えこんでしまうんだ。人《ひと》がくらすのは難《むずか》しそうだね。

乾燥帯《かんそうたい》にある国《くに》の一《ひと》つ、モンゴルのくらしを見《み》てみよう。野菜《やさい》やお米《こめ》は水《みず》がたくさんないと育《そだ》てられないよね。そこで人々《ひとびと》は、水《みず》のある場所《ばしょ》を転々《てんてん》と移動《いどう》しながら、馬《うま》ややぎなど、乾《かわ》きに強《つよ》い動物《どうぶつ》を育《そだ》てる、**遊牧《ゆうぼく》**というくらしを営《いとな》んでいたんだ。家畜《かちく》から肉《にく》や乳《ちち》、毛《け》皮《がわ》、ふんを使《つか》った燃料《ねんりょう》などを手《て》に入《い》れていたんだね。ただ、近年《きんねん》は国《くに》の方針《ほうしん》もあって、都《と》市《し》にとどまる人《ひと》も増《ふ》えてきたみたい。

「移動するくらし」って、毎日キャンプしてるみたいですね！

移動にはゲルと呼ばれるテントを使っているらしい

【10】世界《せかい》の気候《きこう》④

高地《こうち》にある国《くに》について教《おし》えて！

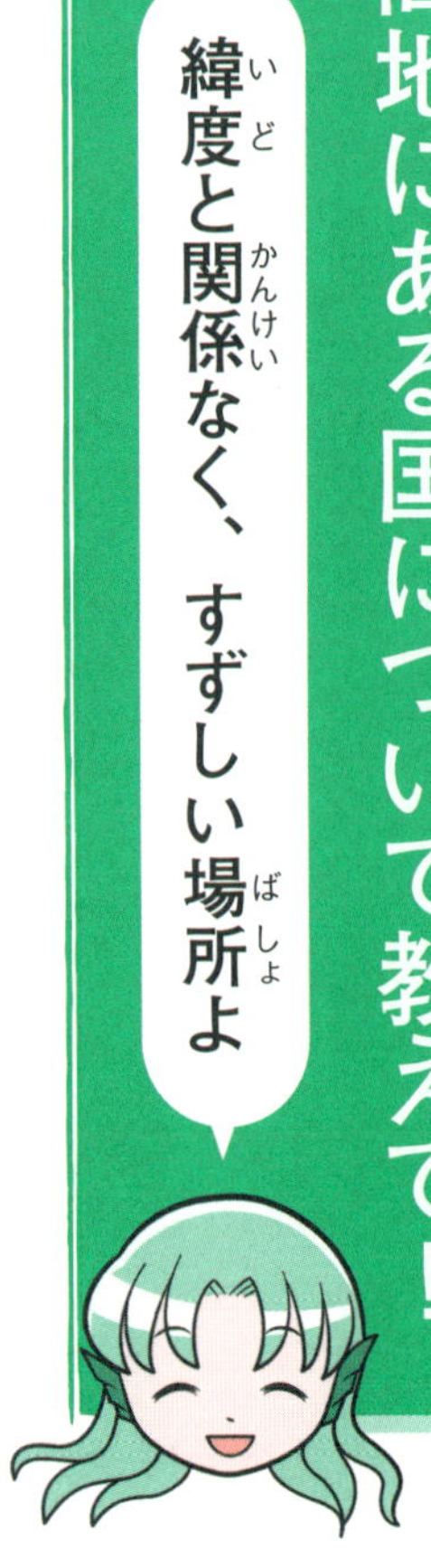

赤道《せきどう》の近《ちか》くにある国《くに》は暑《あつ》いと言《い》ったけれど、その法則《ほうそく》にあてはまらない場所《ばしょ》もあるの。それは、高地《こうち》（※標高《ひょうこう》の高《たか》い場所《ばしょ》）の国々《くにぐに》よ。南《みなみ》アメリカ州《しゅう》のペルー共和国《きょうわこく》やボリビア多民族国《たみんぞくこく》などがそうね。

高地《こうち》の特《とく》ちょうは、**気温《きおん》が低《ひく》く酸素《さんそ》が薄《うす》い**ことなの。冷《ひ》えこむ場所《ばしょ》では農業《のうぎょう》をおこなうことすらできないから、寒《さむ》さに強《つよ》いリャマやアルパカなど、家畜《かちく》を育《そだ》てて生計《せいけい》を立《た》てているわ。酸素《さんそ》の薄《うす》さは、現地《げんち》の人《ひと》たちよりも、高地《こうち》になれていない旅行者《りょこうしゃ》たちのほうが感《かん》じや

アルパカ
リャマ
主にリャマは荷物の運搬、アルパカは毛を刈って衣類などを作っているんだ

すいみたい。体《からだ》に酸素《さんそ》がいきわたらなくなると、頭痛《ずつう》やめまい、呼《こ》吸困難《きゅうこんなん》などが起《お》こる**高山病《こうざんびょう》**を発症《はっしょう》することがあるの。

また、気温《きおん》は低《ひく》いけれど、日差《ひざ》しや紫外線《しがいせん》が強《つよ》い場所《ばしょ》だということも、覚《おぼ》えておいてほしいポイントよ。太陽《たいよう》に近《ちか》いことと、**紫外線《しがいせん》をさえぎるチリやホコリがないくらい空気《くうき》がきれい**なことが、その理由《りゆう》ね。太陽《たいよう》がしずむととたんに寒《さむ》くなるから、動物《どうぶつ》の毛《け》でできたポンチョや、紫外線《しがいせん》から身《み》を守《まも》るためのつばが広《ひろ》い帽子《ぼうし》が欠《か》かせないわ。

高地の町は「暑いところがイヤ！」という人たちが集まって発達したそうです

「空気がきれい」って、いいことばかりじゃないんだな

※ 海面を0mとしたときの、ある地点の土地の高さ。

気候《きこう》がちがえば住居《じゅうきょ》もちがう!
世界《せかい》のモデルハウスへご案内《あんない》!

とつぜんだけど、きみはどんな家《いえ》に住《す》んでいる?

家《いえ》にはいろいろな役割《やくわり》があるよね。暑《あつ》さや寒《さむ》さをやわらげたり、危険《きけん》から身《み》を守《まも》ったり…。みんな知恵《ちえ》をしぼって、快適《かいてき》にくらせるよう工夫《くふう》しているんじゃないかな。

ここでは、世界《せかい》の人々《ひとびと》が住《す》む家《いえ》を紹介《しょうかい》するよ。特《とく》ちょうある国《くに》に住《す》む人《ひと》たちが、どんな工夫《くふう》をしているのか見《み》ていこう!

暑《あつ》い国代表《くにだいひょう》!
高床式住居《たかゆかしきじゅうきょ》

この家《いえ》がある国《くに》:タイ、インドネシア、カンボジアなど(東南《とうなん》アジア周辺《しゅうへん》)
材質《ざいしつ》:木《き》、竹《たけ》など(かべ、柱《はしら》、わく)
わら、ヤシなど(屋根《やね》)

おすすめポイント **じめじめを防《ふせ》ぎ快適《かいてき》に!**

気温《きおん》が高《たか》く、湿気《しっけ》の多《おお》い熱帯地域《ねったいちいき》で見《み》られる家《いえ》。もっともじめじめする床《ゆか》を地面《じめん》から浮《う》かせることで、風通《かぜとお》しがよくなるというメリットがあります。動物《どうぶつ》が入《はい》ってくるのを防《ふせ》ぐ効果《こうか》も! 国《くに》によっては外《そと》のかべにきれいな彫刻《ちょうこく》をほどこしたり、絵《え》を描《えが》いたりします。

寒《さむ》い国代表《くにだいひょう》！

イグルー

写真：PIXTA

この家《いえ》がある国《くに》：カナダ（北部《ほくぶ》）
材質《ざいしつ》：雪《ゆき》（固《かた》いものはブロック状《じょう》にして、やわらかいものはすき間《ま》をうめるために使《つか》う）、動物《どうぶつ》の毛皮《けがわ》

おすすめポイント 雪《ゆき》さえあれば作《つく》れちゃう！

木《き》が育《そだ》たない、極寒《ごっかん》の地域《ちいき》で建《た》てられる家《いえ》です。固《かた》まった雪《ゆき》でブロックを作《つく》り、積《つ》み上《あ》げます。雪《ゆき》さえあればどこでも建《た》てられるので、移動《いどう》しながらくらす※イヌイットにぴったり！　内部《ないぶ》に毛皮《けがわ》をしくことで、風《かぜ》や寒気《かんき》を防《ふせ》げます。

※ P155参照

高《たか》い場所《ばしょ》にある国代表《くにだいひょう》！

トトラの家《いえ》

この家《いえ》がある国《くに》：ペルーとボリビアの間《あいだ》にあるティティカカ湖《こ》
材質《ざいしつ》：ユーカリの木《き》、トトラ（水中《すいちゅう》や水辺《みずべ》に生《は》える草《くさ》）

おすすめポイント 水《みず》の上《うえ》で家電《かでん》が使《つか》える!?

ウル族《ぞく》という民族《みんぞく》が陸地《りくち》から追《お》い出《だ》されたとき「じゃあ湖《みずうみ》に住《す》もう！」と作《つく》った家《いえ》。トトラという草《くさ》を乾燥《かんそう》させ束《たば》にしたものを、ユーカリの柱《はしら》に巻《ま》きつけて作《つく》ります。一見《いっけん》、原始的《げんしてき》な家《いえ》ですが、太陽光《たいようこう》発電《はつでん》をしているため、テレビも見《み》られます！

乾燥《かんそう》した国代表《くにだいひょう》！

ゲル

この家《いえ》がある国《くに》：モンゴル
材質《ざいしつ》：木《き》、フェルト、もめん

おすすめポイント 移動《いどう》しやすさに注目《ちゅうもく》！

高原《こうげん》で遊牧《ゆうぼく》をおこなう人々《ひとびと》がくらす、持《も》ち運《はこ》びできる家《いえ》です。木《き》でできた折《お》りたたみ式《しき》の壁《かべ》と屋根《やね》に、フェルトともめんを巻《ま》きつけます。家畜《かちく》のエサがなくなったり、寒《さむ》さが厳《きび》しくなったりしたら分解《ぶんかい》し、くらしやすい場所《ばしょ》へ移動《いどう》します。

【11】どこの国《くに》の人《ひと》も日本と同《おな》じものを食《た》べているの？

環境《かんきょう》がちがえば、食《た》べるものも変《か》わるよ！

世界《せかい》には、農作物《のうさくぶつ》がよく育《そだ》つ土地《とち》がある一方《いっぽう》、草一本《くさいっぽん》はえないような土地《とち》もある。海《うみ》に囲《かこ》まれて魚《さかな》がたくさんとれる国《くに》もあれば、水《みず》不足《ぶそく》に悩《なや》まされる国《くに》もある。どんなに食物《しょくもつ》を輸出《ゆしゅつ》・輸入《ゆにゅう》するシステムが発達《はったつ》しても、世界中《せかいじゅう》がまったく同《おな》じものを食《た》べるようになるのは難《むずか》しいだろうね。またそれぞれの国《くに》には「こんなものを、こんな調理法《ちょうりほう》で食《た》べてきた」という歴史《れきし》があるし、「これを食《た》べてはいけない」というルールのもとで生《い》きている人《ひと》たちもいる。ちがいがある

シャカーイ星の主食はこれです
悪くはないけど、なんかさみしいわね…

からこそおもしろいし、独自《どくじ》の決《き》まりがある日本の和食《わしょく》のように、人々《ひとびと》が大切《たいせつ》に守《まも》ってきた食《た》べ方《かた》もあるんだ。

ちなみに、人間《にんげん》が体《からだ》や脳《のう》を動《うご》かすエネルギーとなる食《た》べ物《もの》を**主食《しゅしょく》**というんだけれど、主食《しゅしょく》になる食《た》べ物《もの》には**炭水化物《たんすいかぶつ》**という栄養素《えいようそ》が必要不《ひつようふ》可欠《かけつ》。また、主食《しゅしょく》の条件《じょうけん》は**「毎年安定《まいとしあんてい》して収穫《しゅうかく》できること」「保存《ほぞん》、輸送《ゆそう》ができること」**。だから、鮮度《せんど》が命《いのち》の魚《さかな》や肉《にく》などは適《てき》さない。その点《てん》、米《こめ》をはじめとした穀物《こくもつ》ならバッチリだね。

日本で米が主食となったのは、安定して収穫することができるからなんだな

食べてはいけないものってどんなものなんでしょう?

【12】

世界《せかい》の食《た》べ物《もの》について教《おし》えて！① 米《こめ》が主食《しゅしょく》の国《くに》

地域《ちいき》によって、とれるお米《こめ》の種類《しゅるい》がちがうのよ

まずは日本のように、米《こめ》を主食《しゅしょく》とする国《くに》について紹介《しょうかい》するわね。米《こめ》を主食《しゅしょく》としているのは、日本や中国《ちゅうごく》、インドの一部《いちぶ》の地域《ちいき》、東南《とうなん》アジア諸国《しょこく》など、**アジア州《しゅう》に属《ぞく》している国々《くにぐに》**よ。これらの地域《ちいき》には**季《き》※節風《せつふう》**の影響《えいきょう》で、稲作《いなさく》に欠《か》かせない**雨季《うき》と乾季《かんき》が存在《そんざい》している**の。

ひと口《くち》に「米《こめ》」といっても、たくさんの品種《ひんしゅ》があるって知《し》ってた？日本や韓国《かんこく》・北朝鮮《きたちょうせん》、中国東北部《ちゅうごくとうほくぶ》で育《そだ》てられているのは、丸《まる》くてねばりけが強《つよ》い**ジャポニカ種《しゅ》**。「水《みず》で炊《た》くだけ！」というシンプルな食《た》

ジャポニカ種
インディカ種
形だけでもちがいは一目瞭然だな
長い歴史の中でおいしい食べ方を追求していったんですね

べ方《かた》をする国《くに》ならではの品種《ひんしゅ》ね。一方《いっぽう》、東南《とうなん》アジア諸国《しょこく》やタイ、中国中南部《ちゅうごくちゅうなんぶ》で育《そだ》てられているのは**インディカ種《しゅ》**という米《こめ》。細長《ほそなが》くてパサパサした食感《しょっかん》が特《とく》ちょうで、いためたり、味《あじ》の濃《こ》いものと一緒《いっしょ》に食《た》べるのにぴったり。スペインの炊《た》きこみごはん、パエリアもこのお米《こめ》を使《つか》っているの。また量《りょう》は少《すく》ないけれど、インドネシアなどでは、大《おお》きくてはばが広《ひろ》いジャポニカ種《しゅ》の仲間《なかま》、**ジャバニカ種《しゅ》**が育《そだ》てられているわ。

米は炊くだけじゃなく、いろいろな食べ方ができるらしい

日本でも最近、お米を粉にした米粉をパンやケーキにすることが増えているそうです

※ 季節によって吹く方角の異なる風のこと。海側から吹く風は雨を降らし、大陸側から吹く風は乾燥をもたらす。

【13】

世界《せかい》の食《た》べ物《もの》について教《おし》えて！②
小麦《こむぎ》が主食《しゅしょく》の国《くに》

小麦《こむぎ》は、文明《ぶんめい》の始《はじ》まりと同時《どうじ》に歴史上《れきしじょう》に現《あらわ》れた食《た》べ物《もの》。**すずしくて雨《あめ》の少《すく》ない土地《とち》に適《てき》した農作物《のうさくぶつ》**なんだ。ちなみに、最初《さいしょ》に小麦栽培《こむぎさいばい》を始《はじ》めたのは西《にし》～中央《ちゅうおう》アジア、アフリカ北東部《ほくとうぶ》あたりに住《す》んでいた人々《ひとびと》で、そこからじわじわと東西南北《とうざいなんぼく》へ広《ひろ》がっていったそう。キ[※1]リスト教《きょう》の布教《ふきょう》や、ヨーロッパの人々《ひとびと》が世界中《せかいじゅう》に植民地《しょくみんち》[※2]を作《つく》ったことも、小麦文化《こむぎぶんか》が広《ひろ》がった理由《りゆう》の一《ひと》つなんだって。

小麦粉《こむぎこ》を使《つか》った食《た》べ物《もの》といえば、まずは**パン**！　細長《ほそなが》いフランス

稲穂は
実が大きくなると
曲がるけれど
麦穂はまっすぐ
なんですね
稲穂
麦穂
小麦も
米と同じく
穂からとれるよ

パンや、すっぱい味《あじ》のするドイツパンなど、いろいろな国《くに》で個性《こせい》あるパンが作《つく》られているよ。インドのナンや、中国《ちゅうごく》のマントウもパンの一種《いっしゅ》だね。そして、忘《わす》れちゃいけないのが**麺《めん》**。イタリアでは、デュラム小麦《こむぎ》という品種《ひんしゅ》を使《つか》った**パスタ**※3が主食《しゅしょく》！ 今《いま》や日本の食文化《しょくぶんか》に欠《か》かせない、ラーメンやそうめんは、もともと中国《ちゅうごく》の主食《しゅしょく》の一《ひと》つだったんだよ。

うどんや
お好み焼きなど、
小麦粉を使った
和食もたくさん
あるな

麺には
「イタリア生まれ説」
「中国生まれ説」などが
あって、発祥がわかって
いないそうです

※1 P54参照。 ※2 力のある国の人々が、ほかの国に移り住み、支配したり開発したりした土地のこと。戦争に勝利した国が手に入れた土地である場合が多い。 ※3 主食はパンであり、パスタはおかずという考え方もある。

【14】世界《せかい》の食《た》べ物《もの》について教《おし》えて！③ いもが主食《しゅしょく》の国《くに》

いもは東南《とうなん》アジアやアフリカなど、**暑《あつ》い国《くに》で主食《しゅしょく》とされている**食《た》べ物《もの》。穀物《こくもつ》ほど長期間保存《ちょうきかんほぞん》することはできないけれど、炭水化物《たんすいかぶつ》がたっぷりとふくまれているし、養分《ようぶん》の少《すく》ない**やせた土地《とち》でも育《そだ》てることができる**の。主《おも》に食《た》べられているのは、**タロいもやヤムいも**ね。「何《なに》それ？」って思《おも》ったでしょう。でも実《じつ》は、日本で食《た》べられている里《さと》いもはタロいもの一種《いっしゅ》だし、ヤムいももとろろでおなじみの長《なが》いもの仲間《なかま》なの。バナナの葉《は》に包《つつ》んで、肉《にく》や魚《さかな》と一緒《いっしょ》に蒸《む》し焼《や》きに

して食《た》べたりするみたい。なんだかおいしそう！　もう一《ひと》つ、忘《わす》れちゃいけないのが**キャッサバ**といういも。キャッサバのでんぷんは、**タピオカ**と呼《よ》ばれ、中国《ちゅうごく》や日本ではデザートとしておなじみね。キャッサバを主食《しゅしょく》として食《た》べるときには、粉状《こなじょう》にしてパンのようなものを作《つく》ったり、いものまま蒸《む》したり揚《あ》げたりして食《た》べるのよ。

ドイツは
じゃがいも大国！
主食ではないけれど、
いろいろな料理に
つけあわせとして
ついています

標高が高い
南アメリカ州の
アンデス山脈付近の
地域では主食として
じゃがいもを
食べるらしい

【15】世界《せかい》の食《た》べ物《もの》について教《おし》えて！④ とうもろこしが主食《しゅしょく》の国《くに》

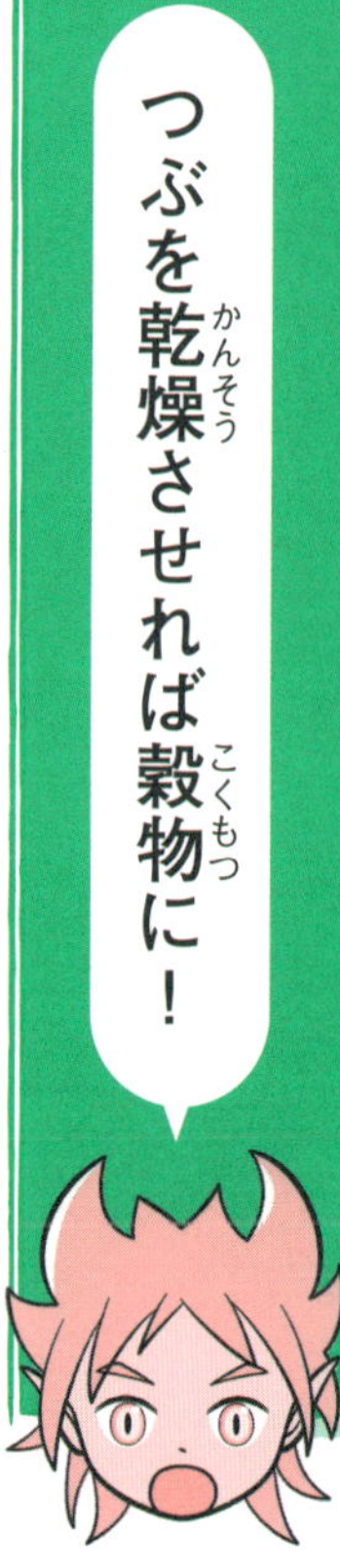

とうもろこしは野菜《やさい》じゃないかって？ たしかに、日本では生《なま》で売《う》られているものを野菜《やさい》として調理《ちょうり》しているよね。でも、とうもろこしは、**世界三大穀物《せかいさんだいこくもつ》**※1**の一《ひと》つ**にも数《かぞ》えられている、れっきとした穀物《こくもつ》なんだ。つぶを芯《しん》から一《ひと》つひとつ取《と》り外《はず》して乾燥《かんそう》させると、穀物《こくもつ》としてあつかわれるようになるんだよ。

とうもろこしを主食《しゅしょく》としているのは、メキシコなど北《きた》アメリカ州《しゅう》の南側《みなみがわ》の地域《ちいき》と、南《みなみ》アメリカ州《しゅう》の国々《くにぐに》。乾燥《かんそう》させたつぶは、主《おも》に**粉《こな》**

こんなにかたく小さくなるんですね！
粉にして加工するとちがう食べ物みたいでしょ？

にされ、使《つか》われている。この粉《こな》をクレープのように薄《うす》く焼《や》いたパンを、**トルティーヤ**というよ。中《なか》に辛《から》いトマトソースや野菜《やさい》をはさめば、メキシコ名物《めいぶつ》、タコスのできあがり！　また、19世紀《せいき》の終《お》わりにアメリカで誕生《たんじょう》した**コーンフレーク**も、とうもろこしの粉《こな》に水《みず》を混《ま》ぜた生地《きじ》をのばして焼《や》いたもの。朝食《ちょうしょく》のメニューとして、パンやごはんのかわりに食《た》べたことがある人《ひと》も多《おお》いんじゃない？

とうもろこしは家畜のエサにすることも多いから、さまざまな国で育てられているな

食物油や、車などを動かす燃料※2の原料としても注目されているそうです

※1 小麦、米、とうもろこしの3つ。　※2 バイオエタノールと呼ばれている。

かいとたまみのワールドレポート 2

日本人《じん》も宇宙人《うちゅうじん》もびっくり！ お米《こめ》DE《で》スイーツ!?

日本人《じん》はお米《こめ》を水《みず》で炊《た》いて、主食《しゅしょく》として食《た》べるわよね。何《なん》の味《あじ》もつけないで、おかずやみそ汁《しる》と一緒《いっしょ》に食《た》べることが多《おお》いはず。

どこの国《くに》でもそうなんじゃないのか？

実《じつ》は、世界《せかい》には米《こめ》を「スイーツの材料《ざいりょう》」として使《つか》う国《くに》がたくさんあるんだ。

えっ、ごはんを甘《あま》くするんですか!?

驚《おどろ》いた？　でも、とってもおいしそうよ。いくつかの国《くに》で食《た》べられているお米《こめ》スイーツを紹介《しょうかい》するわね。

タイ
カオパット・サパロット

びっくり！ くだもののチャーハン

「カオパット」はチャーハン、「サパロット」はパイナップルという意味《いみ》のタイ語《ご》なの。つまりこの料理《りょうり》は、パイナップルをご飯《はん》と一緒《いっしょ》に炒《いた》めたチャーハン！　辛《から》めに味《あじ》つけされたチャーハンにパイナップルの甘《あま》みと酸味《さんみ》がくわわって、おやつ感覚《かんかく》で食《た》べられちゃう。

オーストラリア
ベイクドライスプティング

ごはんで作《つく》るやわらかケーキ？

牛乳《ぎゅうにゅう》で煮《に》つめたごはんに、卵《たまご》や砂糖《さとう》、生《なま》クリーム、ドライフルーツなど、まるでケーキを作《つく》っているような材料《ざいりょう》をくわえ、最後《さいご》にオーブンで焼《や》いたデザート。ちなみに、炊《た》いたごはんを甘《あま》く味《あじ》つけた「ライスプティング」は、世界《せかい》のあちこちに存在《そんざい》しているよ。

フィンランド
リーシプーロ

冬《ふゆ》の朝《あさ》ごはんの定番《ていばん》！

お米《こめ》とレンズ豆《まめ》を牛乳《ぎゅうにゅう》でトロッとやわらか～く炊《た》いた「ミルクがゆ」。お米《こめ》と砂糖《さとう》から糖分《とうぶん》が、バターから脂質《ししつ》がとれるから、朝《あさ》ごはんにぴったり。クリスマスには鍋《なべ》に1粒《つぶ》アーモンドを入《い》れておき、お皿《さら》に取《と》り分《わ》けられた人《ひと》が幸運《こううん》になるというゲームをするの。

フランス・ベルギー・スイスなど
お米《こめ》のタルト

カスタード味《あじ》のお米《こめ》のタルト！

カスタードクリームでお米《こめ》を炊《た》いたフィリング（タルトやパイの中身《なかみ》のこと）を入《い》れて焼《や》いたタルト。ふわっとなめらかな食感《しょっかん》が特《とく》ちょうだよ。少《すく》ない材料《ざいりょう》で簡単《かんたん》に作《つく》れる家庭菓子《かていがし》で、イースターの時期《じき》にだけ食《た》べる国《くに》もあるんだって！

カオパット・サパロット以外の写真：PIXTA

【16】「仏教《ぶっきょう》」「神道《しんとう》」以外《いがい》の宗教《しゅうきょう》もあるの？

たくさんの宗教《しゅうきょう》が存在《そんざい》しているわ

日本では、多《おお》くの人《ひと》が新年《しんねん》の初《はつ》もうでなどで寺《てら》や神社《じんじゃ》に行《い》くわよね。寺《てら》は**仏教《ぶっきょう》**、神社《じんじゃ》は**神道《しんとう》**という宗教《しゅうきょう》の建物《たてもの》よ。そしてもちろん、世《せ》界《かい》にはそのほかにもたくさんの宗教《しゅうきょう》が存在《そんざい》するの。

そもそも宗教《しゅうきょう》というのは**「人間《にんげん》の力《ちから》や知識《ちしき》をこえた何《なに》か」**を信《しん》じ、**大切《たいせつ》に思《おも》う考《かんが》え方《かた》**のことよね。国《くに》や民族《みんぞく》によって大切《たいせつ》にしているものはそれぞれ異《こと》なるから、信仰《しんこう》している宗教《しゅうきょう》もちがって当然《とうぜん》よね。

宗教《しゅうきょう》は、大《おお》きく分《わ》けて二《ふた》つの種類《しゅるい》に分類《ぶんるい》できるの。一《ひと》つは、世界《せかい》

シャカーイ星に宗教はないの？
シャカーイ星人は自分をもっとも大切に思い、敬っている！
……

中《じゅう》のあらゆる場所《ばしょ》で、さまざまな民族《みんぞく》に信仰《しんこう》されている**世界宗教**《せかいしゅうきょう》。もう一《ひと》つは、限《かぎ》られた国《くに》や民族《みんぞく》だけに信仰《しんこう》されている**民族宗教**《みんぞくしゅうきょう》よ。たとえば同《おな》じ日本で信仰《しんこう》されている宗教《しゅうきょう》でも、仏教《ぶっきょう》は世界宗教《せかいしゅうきょう》で、神道《しんとう》は民族宗教《みんぞくしゅうきょう》なの。ほかにも**キリスト教**《きょう》や**イスラム教**《きょう》が世界宗教《せかいしゅうきょう》ね。

宗教《しゅうきょう》によっては、守《まも》らなくてはならないルールが存在《そんざい》したり、生活《せいかつ》の仕方《しかた》に深《ふか》い影響《えいきょう》をおよぼしたりするものもあるのよ。

同じ宗教でも、国によって異なる発展をとげている場合もあるらしいです

それぞれの宗教の特ちょうは何だろう

【17】世界《せかい》の宗教《しゅうきょう》について教《おし》えて！① 仏教《ぶっきょう》を信仰《しんこう》する国《くに》

僧侶《そうりょ》になるのが当《あ》たり前《まえ》の国《くに》も

仏教《ぶっきょう》は**インド**で生《う》まれた世界宗教《せかいしゅうきょう》の一《ひと》つ。**釈迦《しゃか》（仏陀《ぶっだ》、仏様《ほとけさま》）**という人物《じんぶつ》の教《おし》えを信仰《しんこう》する宗教《しゅうきょう》だよ。特《とく》ちょうは、釈迦《しゃか》の教《おし》えを学《まな》ぶために修行《しゅぎょう》する**僧侶《そうりょ》がいること**と、**寺院《じいん》と呼《よ》ばれる修行《しゅぎょう》のための建物《たてもの》があること。**東南《とうなん》から東《ひがし》アジアの多《おお》くの国《くに》で信仰《しんこう》されているけど、発祥国《はっしょうこく》であるインドでは信者《しんじゃ》が少《すく》ないんだって。

仏教《ぶっきょう》は日本や中国《ちゅうごく》などで信仰《しんこう》されている**大乗仏教《だいじょうぶっきょう》**と、タイやスリランカなどで信仰《しんこう》されている**上座部仏教《じょうざぶぶっきょう》**の大《おお》きく二《ふた》つに分《わ》けられるよ。日本では僧侶《そうりょ》になるのは特別《とくべつ》な人《ひと》というイメージがあるけれど、上座部仏教《じょうざぶぶっきょう》を信仰《しんこう》する国《くに》では、僧侶《そうりょ》になるのはふつうのこと！　特《とく》に、熱心《ねっしん》な仏教国《ぶっきょうこく》であるタイでは「男性《だんせい》は僧侶《そうりょ》にならないと一人前《いちにんまえ》になれない」と言《い》われるほどなんだ。「出家休暇《しゅっけきゅうか》」※がある会社《かいしゃ》まであるんだよ。女性《じょせい》は僧侶《そうりょ》になれないから、寺院《じいん》に必要《ひつよう》な品物《しなもの》やお金《かね》を寄付《きふ》（**お布施《ふせ》**というよ）することで信仰心《しんこうしん》を示《しめ》すんだ。

上座部仏教
大乗仏教
右肩を出すのは「敵意がない」という意味なのよ！
上座部仏教の袈裟はあざやかなオレンジ色が多いですね
大乗仏教の袈裟は重ね着していて暖かそうだな

大乗仏教より、上座部仏教のほうが、ルールが厳しいらしい
肉とお酒は禁止…虫はつぶせない…うそもつけない…たしかに厳しいです！

※ 出家とは、寺院で修行をして僧侶になること。タイでは、出家は短い期間でもかまわないとされているので、会社を一時的に休んで修行するための出家休暇が存在している。

【18】世界《せかい》の宗教《しゅうきょう》について教《おし》えて！② キリスト教《きょう》を信仰《しんこう》する国《くに》

生活《せいかつ》に根《ね》づいた宗教文化《しゅうきょうぶんか》が多《おお》いわ

キリスト教《きょう》は主《おも》にヨーロッパの国々《くにぐに》やロシア、アメリカ合衆国《がっしゅうこく》で信仰《しんこう》されている宗教《しゅうきょう》よ。**世界《せかい》で一番信者《いちばんしんじゃ》が多《おお》いといわれている宗教《しゅうきょう》**でもあるの。宗派《しゅうは》によっていろいろな考《かんが》え方《かた》があるけれど、**イエス・キリストを神《かみ》の子《こ》として信仰《しんこう》していること、聖書《せいしょ》を教典《きょうてん》※1として使《つか》っていること、教会《きょうかい》という宗教施設《しゅうきょうしせつ》※2を持《も》っていること**は共通《きょうつう》しているわ。

ヨーロッパは特《とく》にキリスト教《きょう》との結《むす》びつきが強《つよ》くて、教会《きょうかい》や美術《びじゅつ》

バレンタインデーも
クリスマスも
もともとは
キリスト教の行事なんだ
十字架も
日本ではデザインとして
親しまれているけれど
本当はキリスト教の
シンボルよ

館《かん》などには聖書《せいしょ》をモチーフにした芸術作品《げいじゅつさくひん》が数多《かずおお》く残《のこ》されているの。それを見《み》に来《く》る観光《かんこう》客《きゃく》もいるくらい! また、食事《しょくじ》の前《まえ》に神様《かみさま》にお祈《いの》りをしたり、日曜日《にちようび》に教会《きょうかい》へ出《で》かけたりするなど、信仰心《しんこうしん》から生《う》まれた習慣《しゅうかん》が生活《せいかつ》の一部《いちぶ》となっていることも多《おお》いわ。

キリスト教国家《きょうこっか》じゃなくても、**西暦《せいれき》の使用《しよう》**や**クリスマスのお祝《いわ》い**など、キリスト教文化《きょうぶんか》を取《と》り入《い》れている国《くに》はたくさんあるのよ。

キリスト教の宗派は大きく分けて3種類。カトリック、プロテスタント、正教会です

西暦は、キリストが生まれた翌年を元年(1年)として数えているんだ

※1 宗教の教科書。　※2 信者が集まったり、神様に祈りを捧げたりする場所。

【19】

世界《せかい》の宗教《しゅうきょう》について教《おし》えて！③ イスラム教《きょう》を信仰《しんこう》する国《くに》

教典《きょうてん》にしたがって生活《せいかつ》しているよ

イスラム教《きょう》は、**アッラー**というただ一人《ひとり》の神様《かみさま》を信仰《しんこう》する宗教《しゅうきょう》。現《げん》在《ざい》のサウジアラビアで、**ムハンマド**という人物《じんぶつ》によって広《ひろ》められたんだ。北《きた》アフリカから西《にし》アジア、中央《ちゅうおう》アジアにかけての地域《ちいき》と、東《とう》南《なん》アジアにあるいくつかの国《くに》で信仰《しんこう》されているよ。

イスラム教徒《きょうと》は、教典《きょうてん》である**コーラン**にしたがいながら日常生活《にちじょうせいかつ》を送《おく》っている。**1日《にち》に5回《かい》、決《き》められた時間《じかん》にメッカと呼《よ》ばれる聖《せい》地《ち》に向《む》かってお祈《いの》りをしたり、**約《やく》1か月《げつ》続《つづ》く**ラマダーンという期間《きかん》**

女性が顔を隠す
スカーフは
「ヒジャブ」というの
最近はかなり
おしゃれな着こなしを
しているんですって！
宗教が日常の中に
溶けこんで
いるからこそ
くふうが生まれるん
ですね

(年《とし》によって時期《じき》が異《こと》なるよ）は断《だん》食《じき》をして過《す》ごしたり……。

「女性《じょせい》は顔《かお》や髪《かみ》をスカーフなどでおおい隠《かく》す」「豚肉《ぶたにく》とお酒《さけ》を口《くち》にしてはいけない」など、毎日《まいにち》の衣食《いしょく》住《じゅう》に深《ふか》く関《かか》わってくる決《き》まりも少《すく》なくないんだ。

イスラム教の寺院のことをモスクという

ちょっとでもお酒が入った料理やお菓子も食べちゃいけないそうです

【20】世界《せかい》の宗教《しゅうきょう》について教《おし》えて！④ ヒンドゥー教《きょう》を信仰《しんこう》する国《くに》

ヒンドゥー教《きょう》はこれまで紹介《しょうかい》した宗教《しゅうきょう》とはちがって、主《おも》に**インド**で信仰《しんこう》されている**民族宗教《みんぞくしゅうきょう》**なの。インドに仏教徒《ぶっきょうと》が少《すく》ないのは、**インド人《じん》の約《やく》8割《わり》がヒンドゥー教《きょう》を信仰《しんこう》しているから**なのね。

ヒンドゥー教《きょう》の特《とく》ちょうは**カースト**という身分制度《みぶんせいど》が存在《そんざい》していること。カーストには大《おお》きく分《わ》けて4つの身分《みぶん》があって、身分《みぶん》が高《たか》いほうから**バラモン（司祭《しさい》）**、**クシャトリヤ（王族《おうぞく》、貴族《きぞく》）**、**ヴァイシャ（市民《しみん》）**、**スードラ（労働者《ろうどうしゃ》）**と呼《よ》ばれているわ。低《ひく》いカーストに生《う》まれた人《ひと》は、次《つぎ》の人生《じんせい》で高《たか》いカーストに生《う》まれ変《か》われるよう努《ど》力《りょく》しなければいけないと教《おし》えられるのよ。

昔《むかし》は職業《しょくぎょう》や結婚相手《けっこんあいて》もカーストによって決《き》められていたの。悲《かな》しいことだけれど、身分《みぶん》が高《たか》い人《ひと》が低《ひく》い人《ひと》を差別《さべつ》するということもあったのよ。現在《げんざい》は**憲法《けんぽう》によって身分差別《みぶんさべつ》が禁止《きんし》されている**けれど、長《なが》く続《つづ》いてきた差別《さべつ》が完全《かんぜん》になくなるまでは時間《じかん》がかかりそうね。

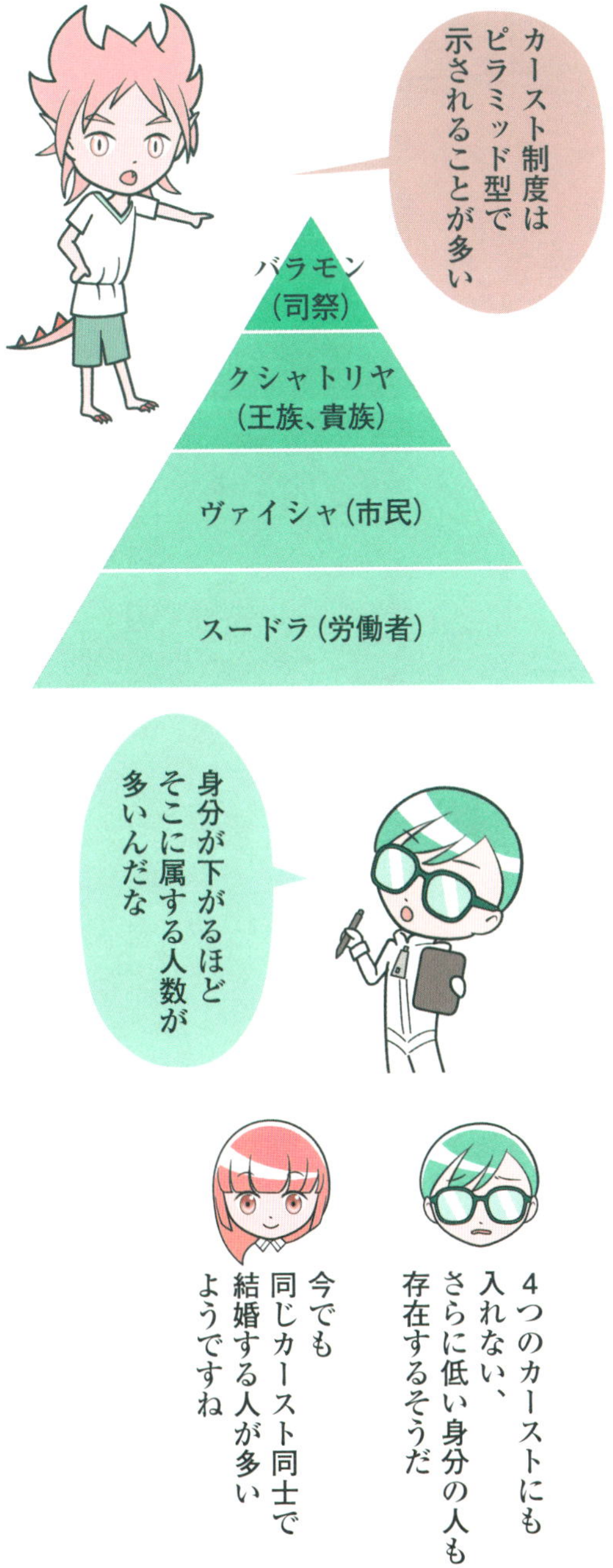
カースト制度は
ピラミッド型で
示されることが多い
バラモン（司祭）
クシャトリヤ（王族、貴族）
ヴァイシャ（市民）
スードラ（労働者）
身分が下がるほど
そこに属する人数が
多いんだな
4つのカーストにも
入れない、
さらに低い身分の人も
存在するそうだ
今でも
同じカースト同士で
結婚する人が多い
ようですね

【21】世界《せかい》で使《つか》われている言語《げんご》はいくつあるの？

6000をこえるといわれている

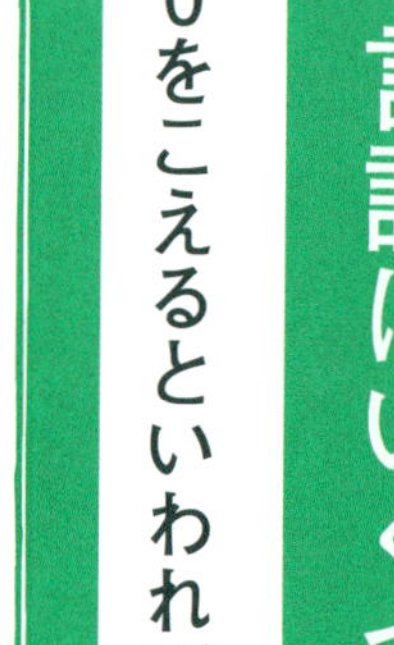

世界《せかい》にはおよそ、6000をこえる言語《げんご》があるといわれている。

「そんなにあるの!?」と驚《おどろ》いたかな？

生《う》まれたばかりの赤《あか》ちゃんが、家族《かぞく》やまわりの人《ひと》たちの影響《えいきょう》で自《し》然《ぜん》と話《はな》すようになる言語《げんご》を**母語《ぼご》**といい、それぞれの国《くに》が、公《おおやけ》の場所《ばしょ》や正式《せいしき》な書類《しょるい》などで用《もち》いると決《き》めた言語《げんご》を**公用語《こうようご》**というよ。

公用語《こうようご》と母語《ぼご》がほとんど一致《いっち》している国《くに》もあれば、異《こと》なる民族《みんぞく》がともにくらしていることから、すべての母語《ぼご》を公用語《こうようご》にできない国《くに》

6000も　あったら　大変でしょう
どんな言葉でも　通訳してくれる　シャカーイ星の　道具を　貸し出そうか
いや、　えんりょ　しとく…

もある。たとえば、中国《ちゅうごく》の公用語《こうようご》は中国語《ちゅうごくご》。だけど国内《こくない》には、チベット語《ご》やモンゴル語《ご》などを用《もち》いる人《ひと》たちもいるんだよ。
どの言語《げんご》も、民族《みんぞく》の文化《ぶんか》や歴史《れきし》を築《きず》いてきた大切《たいせつ》な道具《どうぐ》。「多数決《たすうけつ》で公用語《こうようご》を決《き》めよう！」なんてわけにはいかないよね。一《ひと》つの国《くに》に複数《ふくすう》の民族《みんぞく》がくらす**多民族国家**《たみんぞくこっか》では、少《しょう》数民族《すうみんぞく》を尊重《そんちょう》して複数《ふくすう》の言語《げんご》を公用語《こうようご》とすることもあるんだよ。

母語とする人が　もっとも多い言語は　中国語だそうです

でも、　公用語としている国が　もっとも多いのは　英語だそうだ

【22】

世界《せかい》の言語《げんご》を教《おし》えて！①　英語《えいご》

国際的《こくさいてき》な話《はな》し合《あ》いの場《ば》でも使《つか》われる言葉《ことば》よ

英語《えいご》は**イギリスのイングランド地方《ちほう》**で生《う》まれた言語《げんご》。たくさんの国《くに》で公用語《こうようご》として使《つか》われている言語《げんご》でもあるのよ。英語《えいご》を公用語《こうようご》としている国《くに》の多《おお》くには「かつてイギリスやアメリカの領土《りょうど》だった」という過去《かこ》があるの。別《べつ》の国《くに》になってからも、言語《げんご》は残《のこ》ったのね。

経済大国《けいざいたいこく》として世界中《せかいじゅう》に影響《えいきょう》をあたえている国《くに》※1・アメリカで英語《えいご》が話《はな》されていることから、貿易《ぼうえき》や国際的《こくさいてき》な技術開発《ぎじゅつかいはつ》など、**国《くに》と国《くに》とのやりとりには英語《えいご》が使《つか》われる**ことが多《おお》いの。※2**国際連合《こくさいれんごう》**（**国連《こくれん》**）や

「英語」の英訳は「イングリッシュ」だけど「タグリッシュ」（フィリピンで使われる英語）「シングリッシュ」（シンガポールで使われる英語）のように使われる国によって言葉や呼び名が変わることもあるんだ
English
Singlish
Taglish
方言みたいなものでしょうか？

国際《こくさい》※3オリンピック委員会《いいんかい》（IOC《アイオーシー》）、欧州連《おうしゅうれん》※4合《ごう》（EU《イーユー》）などでも、英語《えいご》は公用語《こうようご》の一《ひと》つとされているのよ！

　そのため、英語《えいご》を母語《ぼご》や公用語《こうようご》としない国《くに》でも、世界《せかい》で活躍《かつやく》できる人《ひと》や技術《ぎじゅつ》を生《う》み出《だ》し、ほかの国《くに》と対等《たいとう》な関係《かんけい》でいるために、**英語教育《えいごきょういく》に力《ちから》を入《い》れている**のね。

日本でも、小学校から英語を勉強しているのはそのためなんだな

アメリカのあたえる影響ってすごいんですね

※1 ただし、アメリカにはさまざまな人種や民族の人々がくらしているため、法律的に英語が公用語と決められているわけではない。
※2 P76参照。　※3 P88参照。　※4 P138参照。

【23】

世界《せかい》の言語《げんご》を教《おし》えて！② フランス語《ご》

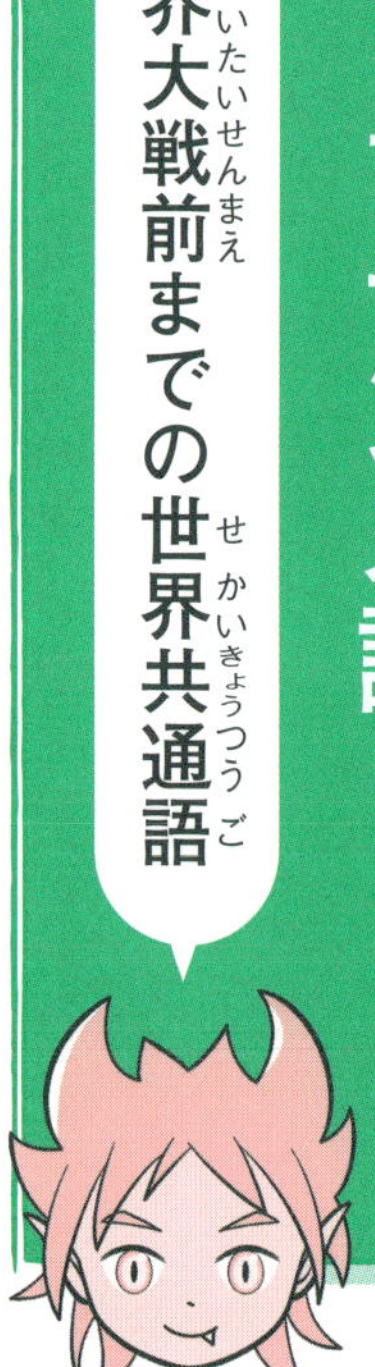

第二次世界大戦前《だいにじせかいたいせんまえ》までの世界共通語《せかいきょうつうご》

フランス語《ご》は、英語《えいご》でも使《つか》われていた26文字《もじ》のアルファベットに、**アクセントや発音《はつおん》の仕方《しかた》を表《あらわ》す記号《きごう》**や、文字《もじ》が二《ふた》つ以上《いじょう》くっついた**合字《ごうじ》**などを加《くわ》えたフランス語《ご》アルファベット（**アルファベ**というよ）でつづられる言語《げんご》。発祥地《はっしょうち》であるフランスはもちろん、ベルギー、スイスなどのヨーロッパ州《しゅう》や、かつてフランスの植民地《しょくみんち》※1だったアフリカ州《しゅう》の国《くに》などで話《はな》されているよ。

現在《げんざい》、世界《せかい》でもっとも話《はな》されている言語《げんご》は英語《えいご》だけれど、かつて

æ
œ
é
ê
æは「エ」の口の形で「ア」と　œは「オ」と「ア」の中間で「エ」と発音する音で……
eは何もついていないと「ウ」　éは口をせまく開きながら「エ」　ēは口を広く開きながら「エ」と……
待て待て
覚えられません！

国《くに》と国《くに》とのコミュニケーションはフランス語《ご》でおこなわれることが多《おお》かったんだ。そのためフランス語《ご》は、今《いま》でも重要《じゅうよう》な言語《げんご》と考《かんが》えられていて、英語《えいご》と同《おな》じく国連《こくれん》※2やIOC《アイオーシー》※3の公用語《こうようご》として認《みと》められているんだよ。英語《えいご》とフランス語《ご》の両方《りょうほう》を公用語《こうようご》とするカナダのように、フランス語《ご》を公用語《こうようご》の一《ひと》つとして用《もち》いている国《くに》も多《おお》いんだ。

アフリカ州でフランス語を公用語にしているのはコンゴ民主共和国やマダガスカル、カメルーン…

まだまだたくさんありますね

※1 P43参照。　※2 P76参照。　※3 P88参照。

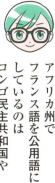

【24】世界《せかい》の言語《げんご》を教《おし》えて！③ 中国語《ちゅうごくご》

世界三大言語《せかいさんだいげんご》の一《ひと》つといわれているの

中国語《ちゅうごくご》は、日本でもなじみ深《ぶか》い漢字《かんじ》でつづられる言語《げんご》。漢字《かんじ》は漢《かん》字《じ》でも、使《つか》われているのは**簡体字《かんたいじ》**という省略文字《しょうりゃくもじ》だから、ぱっと見《み》ただけじゃ何《なん》て書《か》いてあるのかわからないかもしれないわね。

中国語《ちゅうごくご》を公用語《こうようご》にしている国《くに》はとても少《すく》ないわ。中国《ちゅうごく》とシンガポールよ。一方《いっぽう》で、中国語《ちゅうごくご》は**「※1世界三大言語《せかいさんだいげんご》の一《ひと》つ」**といわれる言語《げんご》でもあるの。どうしてかわかるかしら？

それは中国語《ちゅうごくご》が、**世界《せかい》で一番《いちばん》「母語《ぼご》として用《もち》いている人《ひと》の数《かず》が多《おお》**

同じ漢字でも
ずいぶん形が
変わるんですね

日本の漢字

地図
読書

⬇ ⬇

中国の簡体字

地图
读书

似ても似つかない
ものもあるな

い言語《げんご》」だから。中国《ちゅうごく》の人口《じんこう》は、約《やく》13億人《おくにん》。この数《かず》は、あらゆる国《くに》に住《す》む英《えい》語《ご》を母語《ぼご》とする人《ひと》の数《かず》より多《おお》いのよ。英語《えいご》やフランス語《ご》と同《おな》じように国連《こくれん》※2の公用語《こうようご》として用《もち》いられていることからも、中国語《ちゅうごくご》が重要《じゅうよう》な言語《げんご》だと考《かんが》えられていることがわかるわね。

中国語を第二外国語として
学習している人も多いんだそうだ

中国語が話せれば、
世界のあちこちにある
チャイナタウンの人とも話せますね！

※1 中国語、英語、スペイン語とされているが、異なる説もある。
※2 P76参照。

えっ、今《いま》、何《なん》て言《い》ったの!?
日本語《ご》みたいな外国語《がいこくご》

外国《がいこく》の人《ひと》が話《はな》した言葉《ことば》を聞《き》いて、「あれっ？　今《いま》、日本語《ご》が聞《き》こえた！」と思《おも》った経験《けいけん》が、きみにもあるんじゃないかな？　本当《ほんとう》は全然《ぜんぜん》ちがう意味《いみ》の外国語《がいこくご》なのに、音《おと》だけ聞《き》くと、ちょっとおかしな日本語《ご》に聞《き》こえちゃう…そんな、おもしろい外国語《がいこくご》を集《あつ》めてみたよ。

ここで紹介《しょうかい》するのはほんの一部《いちぶ》だから、いろいろな国《くに》の言葉《ことば》を調《しら》べて、自分《じぶん》でも探《さが》してみよう！

アホ
ajo

訳《やく》 にんにく

（スペイン語《ご》）

「悪口《わるくち》を言《い》われてる！」とかんちがいしちゃいそうな言葉《ことば》だけど、スタミナたっぷりの「アホスープ（にんにくのスープ）」は、夏《なつ》バテをふせぐスペイン料理のごちそうなんだ。

タベルナ
taverna

訳《やく》 一般市民《いっぱんしみん》の食堂《しょくどう》

（イタリア語《ご》）

レストランよりももっと気軽《きがる》に入《はい》れる食《た》べ物屋《ものや》さんのことを、イタリア語《ご》で「タベルナ」というよ。食堂《しょくどう》なのに「タベルナ」なんて言《い》われたら、ショックを受《う》けちゃう！

オッチャン
옷장

訳《やく》 **タンス**

（韓国語《かんこくご》）

日本語《ご》では「おじさん」という意味《いみ》の言《こと》葉《ば》であり、呼《よ》び名《な》でもある「オッチャン」。韓国語《かんこくご》では洋服《ようふく》などを入《い》れておく「タンス」という意味《いみ》になるよ。国同士《くにどうし》の距離《きょり》は近《ちか》くても、言葉《ことば》の意味《いみ》は遠《とお》いね…。

イカン
ikan

訳《やく》 **魚《さかな》**

（マレーシア・インドネシア語《ご》）

差《さ》し出《だ》されているのに、食《た》べちゃいけないの!?と思《おも》っちゃうけど、「イカン」とはマレーシア&インドネシア語《ご》で「魚《さかな》」を表《あらわ》す言葉《ことば》なの。もちろん、たっぷり食《た》べていいよ！

ニンゲン
ninguém

訳《やく》 **だれも～ない**

（ポルトガル語《ご》）

「～する人《ひと》はいない」という意味《いみ》のポルトガル語《ご》だよ。ちょっとややこしいけど、ポルトガル語《ご》で「“ニンゲン”がいる」は、「『いる人《ひと》』はいない＝だれもいない」という意味《いみ》になるんだ。

サムイ
Ça mouille

訳《やく》 **雨《あめ》が降《ふ》っている**

（フランス語《ご》）

晴《は》れた日《ひ》にフランスで「寒《さむ》い！」と声《こえ》を上《あ》げてしまったら…まわりの人《ひと》たちに不《ふ》思議《しぎ》そうな顔《かお》をされてしまうかも。ちなみに「寒《さむ》い」はフランス語《ご》で「Ça caille（サカイ）」だよ！

【25】どの国《くに》も、日本と同《おな》じくらい豊《ゆた》かなの？

世界人口《せかいじんこう》の10％は最貧困層《さいひんこんそう》の人々《ひとびと》だ

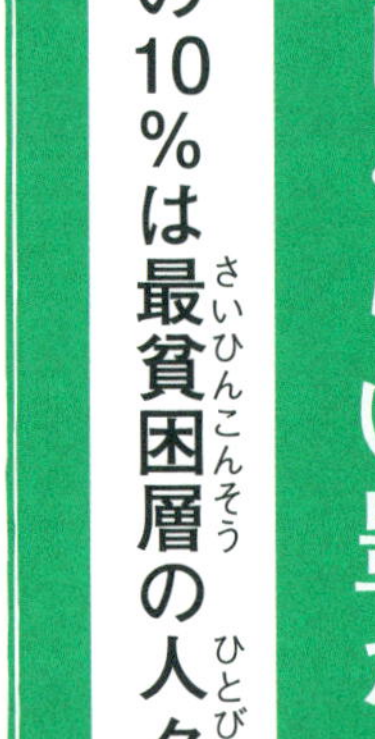

残念《ざんねん》ながら、地球上《ちきゅうじょう》にくらす人《ひと》のうちおよそ10％は、毎日《まいにち》の食《た》べ物《もの》にも困《こま》るほど貧《まず》しい生活《せいかつ》をしている、**最貧困層《さいひんこんそう》**と呼《よ》ばれる人《ひと》たちなんだ。

最貧困層《さいひんこんそう》とは、※**1日《にち》1.90ドル未満《みまん》のお金《かね》で生活《せいかつ》をしている人《ひと》たち**のこと。1.90ドルを日本円《えん》に直《なお》すと、だいたい200円《えん》くらいだよ。毎日《まいにち》の食費《しょくひ》や学校《がっこう》で勉強《べんきょう》をする教育費《きょういくひ》、水《みず》や電気《でんき》などを使《つか》う光熱費《こうねつひ》、病気《びょうき》を予防《よぼう》したり治《なお》したりする医療費《いりょうひ》……たった200円《えん》で、これらすべて

をまかなうのは難《むずか》しいよね。

最貧困層《さいひんこんそう》の人々《ひとびと》は、アジア州《しゅう》の東側《ひがしがわ》に位置《いち》する地域《ちいき》である、**東《ひがし》アジア**や、同《おな》じく南側《みなみがわ》の**南《みなみ》アジア**、**アフリカ州《しゅう》**などに集《しゅう》中《ちゅう》しているよ。最貧困層《さいひんこんそう》の人々《ひとびと》を減《へ》らすことは、世界全体《せかいぜんたい》の課題《かだい》。さまざまな国《くに》や機関《きかん》によって支援《しえん》がおこなわれているんだ。

同じ国の中でも、富裕層と貧困層が存在していることがあるらしい

このことを格差社会というらしいです

※ 世界銀行の定義。国連では1.25ドルが最貧困層とされている。

世界地理《せかいちり》の算数《さんすう》・理科問題《りかもんだい》を解《と》け！

空《あ》き時間《じかん》を利用《りよう》して、今《いま》まで得《え》た知識《ちしき》から、趣味《しゅみ》である算数《さんすう》と理科《りか》の問題《もんだい》を作《つく》ってみたぞ。たまみ、解《と》けるかな？

私《わたし》にとって算数《さんすう》と理科《りか》は苦手科目《にがてかもく》なのですが…
がんばります！

★ミッション！

算数問題《さんすうもんだい》：□に当《あ》てはまる正《ただ》しい数字《すうじ》を答《こた》えましょう。

理科問題《りかもんだい》：3つの選択肢《せんたくし》の中《なか》から、正《ただ》しい答《こた》えを記号《きごう》で答《こた》えましょう。

算数問題《さんすうもんだい》

（1）次《つぎ》の問題《もんだい》をもっとも簡単《かんたん》な数字《すうじ》の比《ひ》で答《こた》えよ。

地球《ちきゅう》の陸地《りくち》の面積《めんせき》：海《うみ》の面積《めんせき》＝［ア］：［イ］

（2）地球上《ちきゅうじょう》にある「大陸《たいりく》」「大洋《たいよう》」「大州《たいしゅう》」の数《かず》、足《た》したらいくつ？

［ウ］大陸《たいりく》＋［エ］大洋《たいよう》＋［オ］大州《だいしゅう》＝［カ］

(3) 次《つぎ》の数《かず》を計算《けいさん》せよ。

ヒンドゥー教《きょう》におけるカーストの身分《みぶん》の数《かず》（キ）

×イスラム教徒《きょうと》が1日《にち》にメッカに向《む》けてお祈《いの》りをする回数《かいすう》（ク）

＝ケ

理科問題《りかもんだい》

(1) 高山病《こうざんびょう》の原因《げんいん》は、体《からだ》に何《なに》がいきわたらなくなるから？

A 酸素《さんそ》　B 二酸化炭素《にさんかたんそ》　C 水《みず》

(2)「主食《しゅしょく》」に主《おも》にふくまれている栄養素《えいようそ》は何《なに》か。

A ビタミン　B 炭水化物《たんすいかぶつ》　C たんぱく質《しつ》

(3) タピオカは、キャッサバというイモから何《なに》を取《と》り出《だ》して作《つく》ったものか。

A 皮《かわ》　B でんぷん　C 水分《すいぶん》

(4) 空気《くうき》がきれいな高地《こうち》で、空《そら》から降《ふ》ってきて人間《にんげん》を悩《なや》ませるものは何《なに》か。

A 雪《ゆき》　B 砂《すな》　C 紫外線《しがいせん》

答《こた》えは74ページに！

クイズの答《こた》え

算数問題《さんすうもんだい》

（1）ア 3　　イ 7

地球《ちきゅう》の面積《めんせき》を100%とすると、陸地《りくち》は30%、海《うみ》は70%でしたよね！

（2）ウ 6　　エ 3　　オ 6　　カ 15

まさか、最後《さいご》の足《た》し算《ざん》をまちがえたりしていないだろうな？

（3）キ 4　　ク 5　　ケ 20

カーストは身分《みぶん》の高《たか》いほうから、
バラモン、クシャトリヤ、ヴァイシャ、スードラです

理科問題《りかもんだい》

（1）A

標高《ひょうこう》が高《たか》くなればなるほど、
空気中《くうきちゅう》の酸素《さんそ》が少《すく》なくなるんです

（2）B

炭水化物《たんすいかぶつ》は体《からだ》を動《うご》かすエネルギー源《げん》になる栄養素《えいようそ》だ

（3）B

丸《まる》いタピオカは、でんぷんにとろみをつけて
丸《まる》めたものを乾燥《かんそう》させたものです

（4）C

空気《くうき》がきれいすぎて、紫外線《しがいせん》を防《ふせ》いでくれる
ほこりやチリが存在《そんざい》しないんだ

世界《せかい》は一《ひと》つ！国《くに》と国《くに》との協力《きょうりょく》関係《かんけい》とは？

地球《ちきゅう》の人々《ひとびと》は国同士《くにどうし》で
協力《きょうりょく》したり助《たす》け合《あ》ったり
していると聞《き》きました
具体的《ぐたいてき》な内容《ないよう》を教《おし》えてください

【26】

国同士《くにどうし》が協力《きょうりょく》して問題《もんだい》を解決《かいけつ》するしくみはあるの？

国際連合《こくさいれんごう》という組織《そしき》があるわ

第二次世界大戦《だいにじせかいたいせん》が終《お》わった1945年《ねん》、アメリカやソ連《れん》（現在《げんざい》のロシア）、イギリスなどの代表者《だいひょうしゃ》が、アメリカのサンフランシスコに集《あつ》まって、**国際連合《こくさいれんごう》**（**国連《こくれん》**）という組織《そしき》が作《つく》られたの。これ以上《いじょう》、戦争《せんそう》による悲《かな》しい犠牲《ぎせい》を出《だ》さないためにも、世界《せかい》が一丸《いちがん》となって平和《へいわ》を守《まも》るためのしくみが必要《ひつよう》だと考《かんが》えられたのね。国連《こくれん》は今《いま》でも、このときにまとめられた**国際連合憲章《こくさいれんごうけんしょう》**という約束《やくそく》ごとにしたがって、活動《かつどう》を続《つづ》けているのよ。

国連の旗の中央にあるのは北極を中心とした地球
それを平和の象徴であるオリーブの葉が包みこんでいるんだ

最初《さいしょ》は**51か国《こく》**で結成《けっせい》された国連《こくれん》にも、今《いま》では世界《せかい》のほとんど、**190か国以上《こくいじょう》**の国《くに》が参加《さんか》しているわ。日本が加盟国《かめいこく》（活動《かつどう》に参加《さんか》することを表明《ひょうめい》、実践《じっせん》している国《くに》）になったのは**1956年《ねん》**よ。

国連《こくれん》には争《あらそ》いを解決《かいけつ》する組織《そしき》のほか、貧困《ひんこん》層《そう》の人々《ひとびと》を救《すく》う組織《そしき》や、地球環境《ちきゅうかんきょう》を守《まも》るための組織《そしき》などがあり、それぞれが話《はな》し合《あ》いや活《かつ》動《どう》をおこなっているわ。

国連の本部があるのは、アメリカのニューヨークです

学生が国連での話し合いを体験することができる「模擬国連」という取り組みもおこなわれている

【27】国連《こくれん》の代表的《だいひょうてき》な仕事《しごと》を教《おし》えて！① 安全保障理事会《あんぜんほしょうりじかい》

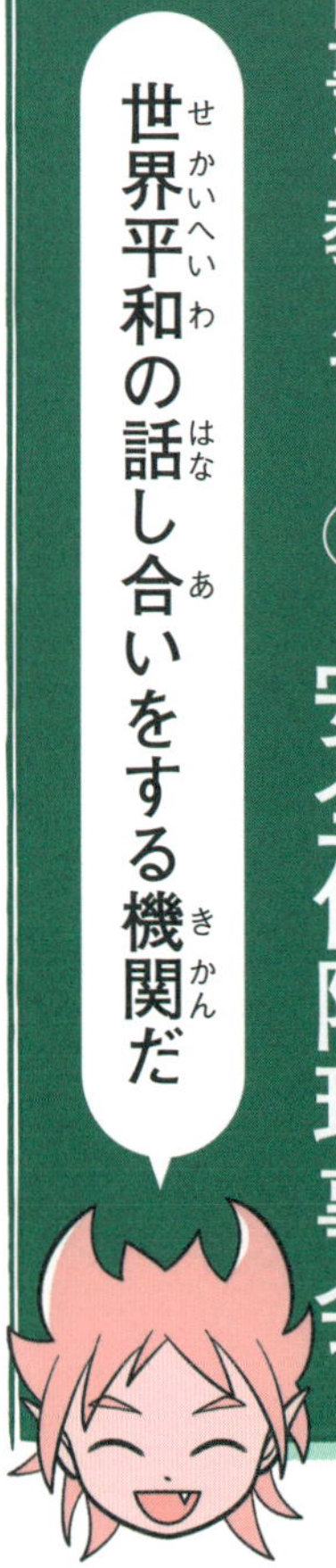

安全保障理事会《あんぜんほしょうりじかい》は、国連《こくれん》の要《かなめ》ともいえる**世界平和《せかいへいわ》**や**安全保障《あんぜんほしょう》**の問題《もんだい》を話《はな》し合《あ》うための機関《きかん》だよ。すべての国連加盟国《こくれんかめいこく》は、ここで決定《けってい》された内容《ないよう》にしたがう義務《ぎむ》があるんだ。

アメリカ、イギリス、フランス、ロシア、中国《ちゅうごく》の5か国《こく》（**五大国《ごたいこく》**ともいう）は**常任理事国《じょうにんりじこく》**といって、国連憲章《こくれんけんしょう》が変更《へんこう》されない限《かぎ》り、半《はん》永久的《えいきゅうてき》に理事会《りじかい》に参加《さんか》することが認《みと》められている。一方《いっぽう》、**非常任理事国《ひじょうにんりじこく》**と呼《よ》ばれる10か国《こく》は交代制《こうたいせい》。国連加盟国《こくれんかめいこく》から、**2年《ねん》**ごとにふさ

常任理事国の力は強いんだな
五大国一致の原則
重要問題決定！

わしい国《くに》が選出《せんしゅつ》されるよ。安全保障理事会《あんぜんほしょうりじかい》は、これら15か国《こく》によって、**必要《ひつよう》なときに開催《かいさい》される**理事会《りじかい》なんだ。

ここで取《と》り上《あ》げられた議題《ぎだい》が「決定《けってい》」となるためには、15か国中《こくちゅう》9か国《こく》の賛成《さんせい》が必要《ひつよう》だ。ただし、特《とく》に重要《じゅうよう》な問題《もんだい》については、**五大国《ごたいこく》一致《いっち》の原則《げんそく》**といって、常任理事国《じょうにんりじこく》すべてが賛《さん》成《せい》しなければ決定《けってい》とならない。五大国《ごたいこく》が議題《ぎだい》に反対《はんたい》する権利《けんり》を**拒否権《きょひけん》**というよ。

非常任理事国は「総会」という国連の代表者会議で選ばれるそうだ

日本もたびたび選ばれてきたらしいですね！

【28】国連《こくれん》の代表的《だいひょうてき》な仕事《しごと》を教《おし》えて！② ユニセフ

貧《まず》しい子《こ》どもたちを支援《しえん》する機関《きかん》よ

世界《せかい》には、お金《かね》がないために、満足《まんぞく》な食事《しょくじ》をとることができず栄《えい》養《よう》が足《た》りなくなったり、病気《びょうき》になっても薬《くすり》を買《か》うことができなかったり、学校《がっこう》に行《い》くことができず働《はたら》かなくてはならなかったり……そんな子《こ》どもたちがたくさんいるわ。そんな子《こ》どもたちを助《たす》けるために作《つく》られたのが**国際連合児童基金《こくさいれんごうじどうききん》（ユニセフ）**なの。

すべての子《こ》どもには、社会《しゃかい》の一員《いちいん》として、平和《へいわ》な場所《ばしょ》で健康《けんこう》に生《せい》活《かつ》する権利《けんり》がある。このことを定《さだ》めた条約《じょうやく》を、**子《こ》どもの権利条約《けんりじょうやく》**と

児童労働
世界中からお金を集めて子どもたちを救うことが目的よ
募金
募金はだれでもできるんだよ！
汚れた水を飲む

いうの。ユニセフはこの条約《じょうやく》にもとづき、各国《かっこく》からお金《かね》を集《あつ》めて、**発展途上国**《はってんとじょうこく》※の子《こ》どもたちが健全《けんぜん》なくらしを送《おく》れるよう支《し》援《えん》をおこなっているのよ。集《あつ》めたお金《かね》は「病気《びょうき》を防《ふせ》ぐため、予防接種《よぼうせっしゅ》をする」「学《がっ》校《こう》を作《つく》る」「栄養《えいよう》が足《た》りていない子《こ》どもを治療《ちりょう》する」などの活動《かつどう》に使《つか》われているわ。

日本も第二次世界大戦後に、ユニセフから援助を受けたそうです
一般の人も、各国のユニセフ協会を通じて募金がおこなえるんだ

※ 国民一人あたりの収入が少ない、工業などの発展が遅れているなどの条件がそろっていて、他国からの援助が必要だとされている国のこと。

【29】

国連《こくれん》の代表的《だいひょうてき》な仕事《しごと》を教《おし》えて！③ WFP《ダブリュエフピー》

世界《せかい》から飢《う》えをなくすため働《はたら》いている

国連《こくれん》世界《せかい》食糧《しょくりょう》計画《けいかく》（WFP《ダブリュエフピー》）は、世界《せかい》から「飢《う》え」をなくすために力《ちから》を尽《つ》くしている機関《きかん》だ。現在《げんざい》、世界《せかい》では約《やく》9人《にん》に一人《ひとり》が栄養不《えいようふ》良《りょう》で苦《くる》しんでいる。ところが地球上《ちきゅうじょう》には、全人類《ぜんじんるい》に行《い》き渡《わた》るのに十《じゅう》分《ぶん》な量《りょう》の食料《しょくりょう》があるといわれているんだ。このことから、食料《しょくりょう》がある国《くに》とない国《くに》にかたよりがあることがわかるよね。

WFP《ダブリュエフピー》は、食料《しょくりょう》そのものを届《とど》けるのはもちろん、より多《おお》くの農作《のうさく》物《ぶつ》が収穫《しゅうかく》できるような設備作《せつびづく》りや、学校給食《がっこうきゅうしょく》のしくみを整《ととの》える支援《しえん》

WFPの取り組みで栄養がしっかりとれる給食が提供されているのよ
家族の分の食事を受け取れる『持ち帰り食糧』という取り組みもあるそうです

活動《かつどう》などをおこなっている。「食料《しょくりょう》はあるけれど、それを買《か》うお金《かね》がない」という人《ひと》たちには、募金《ぼきん》で集《あつ》まったお金《かね》を渡《わた》すこともあるよ。

ちなみに、日本円《えん》※で約《やく》5000円《えん》あれば、貧困国《ひんこんこく》の子《こ》ども一人《ひとり》に、学校給食《がっこうきゅうしょく》を1年間《ねんかん》提供《ていきょう》することができるんだそうだよ。

妊婦さんや赤ちゃんの栄養不良は、障がいや発育不良につながるらしい

自分たちで食料を手に入れる手段を教えることも大切なんですね

※ WFP《ダブリューエフピー》のホームページより。

【30】国連《こくれん》の代表的《だいひょうてき》な仕事《しごと》を教《おし》えて！④ WHO《ダブリュエイチオー》

世界中《せかいじゅう》の人々《ひとびと》の健康《けんこう》を守《まも》る機関《きかん》よ

これから紹介《しょうかい》する二《ふた》つの機関《きかん》（WHO《ダブリュエイチオー》、ユネスコ）は、人々《ひとびと》の生活《せいかつ》と文化《ぶんか》の向上《こうじょう》をめざす国連《こくれん》の組織《そしき》、国連経済社会理事会《こくれんけいざいしゃかいりじかい》※と相談《そうだん》や協力《きょうりょく》をしながら活動《かつどう》をおこなう、独立《どくりつ》した専門機関《せんもんきかん》よ。

世界保健機関《せかいほけんきかん》（WHO《ダブリュエイチオー》）は、**世界中《せかいじゅう》の人々《ひとびと》の健康《けんこう》を守《まも》る仕事《しごと》をしている組織《そしき》**なの。難病《なんびょう》の研究《けんきゅう》や、病気《びょうき》に効果《こうか》があると認《みと》められた薬《くすり》の普及活動《ふきゅうかつどう》、健康《けんこう》に関《かん》する情報収集《じょうほうしゅうしゅう》などをおこなっているわ。

また、特《とく》に重要《じゅうよう》とされているのは、感染症《かんせんしょう》が世界中《せかいじゅう》に広《ひろ》まるのを

タバコやお酒をひかえるよう呼びかけたり糖分の適切な摂取量を調べたり身近な活動もしているんだよ
世界中の人々の健康を守っているんだな

防《ふせ》ぐこと。近年《きんねん》では、中東呼吸器《ちゅうとうこきゅうき》症候群《しょうこうぐん》（MERS《マーズ》）や、エボラウイルスによる感染症《かんせんしょう》、ジカウイルスによる感染症《かんせんしょう》などの対策《たいさく》をおこなっていたのが記憶《きおく》に新《あたら》しいわね。

感染症が世界中で流行することをパンデミックというそうだ

WHOの本部はスイスのジュネーブにあるんですって！

※ 国連の総会で選ばれた、54の理事国で構成されている組織。専門機関と一緒に、経済・社会・文化・教育・保健に関する働きをする。

【31】

国連《こくれん》の代表的《だいひょうてき》な仕事《しごと》を教《おし》えて！⑤ ユネスコ

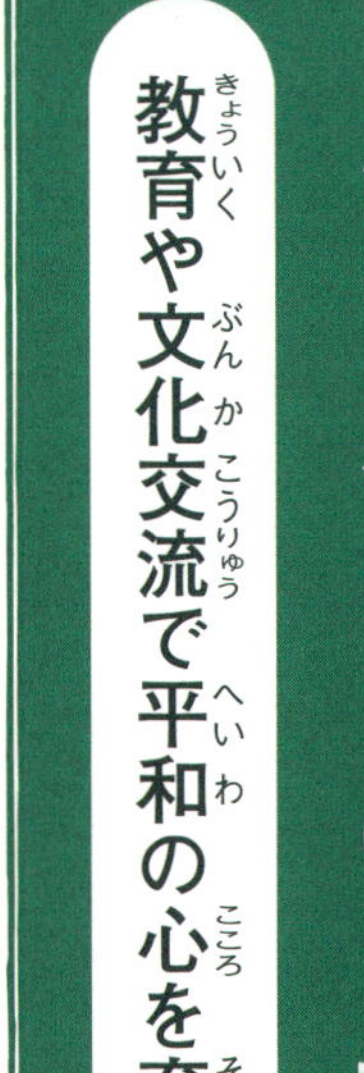

国連教育科学文化機関《こくれんきょういくかがくぶんかきかん》（ユネスコ）は、教育《きょういく》や科学《かがく》、文化交流《ぶんかこうりゅう》などを通《つう》じて、世界平和《せかいへいわ》を守《まも》る仕事《しごと》をしている専門機関《せんもんきかん》だよ。**世界遺《せかいい》産《さん》にするものを選《えら》んだり、登録《とうろく》したりする組織《そしき》**としておなじみだね。

発展途上国《はってんとじょうこく》などでは、一人《ひとり》でも多《おお》くの人《ひと》の飢《う》えや病気《びょうき》を解消《かいしょう》することが最優先事項《さいゆうせんじこう》とされ、教育《きょういく》や国際交流《こくさいこうりゅう》などは後回《あとまわ》しにされることが多《おお》い。もちろんそれは正《ただ》しい考《かんが》え方《かた》。でも、助《たす》けた人《ひと》たちに、その後自力《ごじりき》で生《い》きていく方法《ほうほう》を教《おし》えることも、命《いのち》を救《すく》うのと同《おな》じくら

おたがいの国の良いところを認め合うことが平和につながるんですね
そのために活動しているのがユネスコなのよ

い大切《たいせつ》なことなんだ。

たとえば読《よ》み書《か》きを覚《おぼ》えれば、仕事《しごと》につける可能性《かのうせい》がぐんと高《たか》まるし、さまざまな国《くに》の歴史《れきし》や文化《ぶんか》を学《まな》べば、自分《じぶん》の国《くに》はもちろん、世界中《せかいじゅう》の国々《くにぐに》を大切《たいせつ》にしようという気持《きも》ちが生《う》まれる。未来《みらい》の世界平和《せかいへいわ》のために、教育《きょういく》や文化交流《ぶんかこうりゅう》は欠《か》かせない要素《ようそ》なんだよ。

原爆ドームのような負の世界遺産には、二度と同じ悲劇をくり返さないという意味があったな

「現在」だけでなく「未来」のことも考えた支援をおこなう必要があるんですね

かいとたまみのワールドレポート 4

世界《せかい》が力《ちから》を合《あ》わせるイベント オリンピック&サッカーワールドカップトリビア

世界《せかい》が一《ひと》つになるイベントといえば、4年《ねん》に1回開催《かいかいさい》されるスポーツのお祭《まつ》り、オリンピックだね。

サッカーワールドカップも有名《ゆうめい》よ。テレビの前《まえ》で試合《しあい》を観戦《かんせん》している人《ひと》の数《かず》や、このイベントのために人々《ひとびと》が使《つか》うお金《かね》の額《がく》はオリンピック以上《いじょう》なんですって。

スポーツで世界《せかい》が一丸《いちがん》となるって、なんだかすてきですね。

この二《ふた》つのイベントについて、詳細《しょうさい》を教《おし》えてくれないか?

じゃあせっかくだから、それぞれのおもしろ豆知識《まめちしき》も一緒《いっしょ》に教《おし》えてあげるよ。

まずはおさらい! 2大《だい》スポーツの祭典《さいてん》

FIFA《フィファ》ワールドカップ
(サッカーのワールドカップ)

国際《こくさい》サッカー連盟《れんめい》(FIFA《フィファ》)が、1930年《ねん》から開催《かいさい》している世界的《せかいてき》なサッカーの大会《たいかい》。FIFA《フィファ》に加盟《かめい》する国《くに》や地域《ちいき》でそれぞれ代表《だいひょう》チームを結成《けっせい》し、優勝《ゆうしょう》を目指《めざ》す。本大会《ほんたいかい》が開《ひら》かれるのは4年《ねん》に1回《かい》だが、実際《じっさい》は1～2年《ねん》という長《なが》い時間《じかん》をかけて、地区《ちく》ごとに総当《そうあ》たり戦《せん》の予選大会《よせんたいかい》をおこない、勝《か》ち抜《ぬ》いた上位《じょうい》チームが、トーナメント式《しき》の本大会《ほんたいかい》に出場《しゅつじょう》できるというシステムになっている。

オリンピック

スイスのローザンヌに本部《ほんぶ》があるIOC《アイオーシー》が4年《ねん》に1回開催《かいかいさい》している、世界《せかい》をまたいだ大規模《だいきぼ》なスポーツ大会《たいかい》。夏季大会《かきたいかい》と冬季大会《とうきたいかい》が存在《そんざい》しており、二《ふた》つの大会《たいかい》がかわるがわる2年《ねん》ごとに開《ひら》かれる。かつて、古代《こだい》ギリシャで4年《ねん》に1回開《かいひら》かれていた競技会《きょうぎかい》「オリンピアの祭典《さいてん》」をモデルにして、1896年《ねん》にギリシャのアテネで第《だい》1回《かい》オリンピックが開催《かいさい》されたのが始《はじ》まり。

オリンピックトリビア

1

第《だい》1回《かい》オリンピックで、1位《い》の選手《せんしゅ》にあたえられたのは銀《ぎん》メダル

理由《りゆう》はずばり、お金《かね》がなかったから！　1位《い》の選手《せんしゅ》には銀《ぎん》メダルに加《くわ》えてオリーブの葉《は》のかんむりが、2位《い》の選手《せんしゅ》には銅《どう》メダルと月桂樹《げっけいじゅ》のかんむりがわたされたよ。ちなみに、3位《い》以下《いか》は何《なに》もなし……。金《きん》メダルが作《つく》られたのは第《だい》2回《かい》のパリ大会《たいかい》からだそう。

2

金《きん》メダルのほとんどは、実《じつ》は銀《ぎん》でできている

これも「金《きん》で作《つく》るとお金《かね》がかかりすぎるから」という理由《りゆう》。オリンピック憲章《けんしょう》というルールによると、最低《さいてい》6グラムの純金《じゅんきん》が使《つか》われていれば、金《きん》メダルと認《みと》められるそう。金《きん》メダルは銀《ぎん》でできたメダルを、純金《じゅんきん》メッキでおおって作《つく》るんだって。

3

参加国《さんかこく》すべてにメダルがあたえられた競技《きょうぎ》がある

1932年《ねん》に開催《かいさい》された、第《だい》10回《かい》ロサンゼルスオリンピックでの話《はなし》。この年《とし》のホッケー競技《きょうぎ》に参《さん》加《か》したのは、アメリカ、インド、日本の3か国《こく》のみ！　仕方《しかた》がないので、この3か国《こく》でリーグ戦《せん》をおこない、勝利《しょうり》したインド、日本、アメリカの順《じゅん》にメダルをわたしたそう。

サッカーワールドカップトリビア

1

これまでの優勝国《ゆうしょうこく》はすべてヨーロッパ州《しゅう》か南《みなみ》アメリカ州《しゅう》の国《くに》

たくさんの国《くに》が参加《さんか》しているにもかかわらず、これまで優勝《ゆうしょう》しているのはイタリア、ドイツ、フランス、スペイン、イングランド（以上《いじょう》ヨーロッパ州《しゅう》）、ウルグアイ、ブラジル、アルゼンチン（以上南《いじょうみなみ》アメリカ州《しゅう》）のみ！　いつか日本が優勝《ゆうしょう》するといいね。

2

現在《げんざい》の優勝《ゆうしょう》トロフィーは2代目《だいめ》で、初代《しょだい》は行方不明《ゆくえふめい》

第《だい》9回大会《かいたいかい》で、3回目《かいめ》の優勝《ゆうしょう》を果《は》たしたブラジルによって、トロフィーは永久保存《えいきゅうほぞん》されることに。しかしそれから13年後《ねんご》、保管部屋《ほかんべや》から、トロフィーが盗《ぬす》まれるという事件《じけん》が発生《はっせい》！　犯《はん》人《にん》はつかまったものの、トロフィーは行方不明《ゆくえふめい》に……。

3

優勝《ゆうしょう》トロフィーは、持《も》って帰《かえ》ることができない

「初代《しょだい》トロフィー盗難事件《とうなんじけん》」を教訓《きょうくん》に、トロフィーは優勝国《ゆうしょうこく》に手渡《てわた》してすぐ、FIFA《フィファ》が回収《かいしゅう》、厳《げん》重保管《じゅうほかん》することに！　優勝国《ゆうしょうこく》にはかわりに、まったく同《おな》じデザインのレプリカ（まねして作《つく》ったもの）を持《も》って帰《かえ》ってもらうんだって。

【32】今《いま》、世界《せかい》で特《とく》に重要視《じゅうようし》されている問題《もんだい》は？

環境《かんきょう》や核兵器《かくへいき》の問題《もんだい》などがあるわ

まずは**環境問題《かんきょうもんだい》**ね。工場《こうじょう》のけむりや自動車《じどうしゃ》の排気《はいき》ガスが溶《と》けこんだ**酸性雨《さんせいう》**は、森林《しんりん》をからしたり、海《うみ》や川《かわ》をよごしたりして自然《しぜん》を破《は》壊《かい》するの。農地《のうち》だった場所《ばしょ》に植物《しょくぶつ》が生《は》えなくなる**砂漠化《さばくか》**や、**木材《もくざい》の伐採《ばっさい》**、**焼畑農業《やきはたのうぎょう》**[※1]**による熱帯林《ねったいりん》の減少《げんしょう》**も、地球上《ちきゅうじょう》から緑《みどり》が消《き》えていく大《おお》きな原因《げんいん》ね。また、二酸化炭素《にさんかたんそ》が増《ふ》えることで地球全体《ちきゅうぜんたい》の気温《きおん》が上《あ》がる**地球温暖化《ちきゅうおんだんか》**や、太陽《たいよう》が発《はっ》する紫外線《しがいせん》から人間《にんげん》を守《まも》ってくれている**オゾン**[※2]**層《そう》の破壊《はかい》**も問題《もんだい》となっているわ。

そして、世界平和《せかいへいわ》を守《まも》るためには欠《か》かせない、**核兵器《かくへいき》**の問題《もんだい》。世《せ》界《かい》にはもっとも多《おお》いときで6万発《まんぱつ》以上《いじょう》の核兵器《かくへいき》があったのだけれど、そのうちの**約《やく》9割《わり》をアメリカとロシアが持《も》っていたの**。この二《ふた》つの国《くに》の間《あいだ》では核兵器《かくへいき》を減《へ》らす話《はな》し合《あ》いが続《つづ》けられているし、世界《せかい》で唯一《ゆいいつ》核兵器《かくへいき》の被害《ひがい》を受《う》けた日本も、世界《せかい》から核兵《かくへい》器《き》をなくすよう、うったえているのよ。

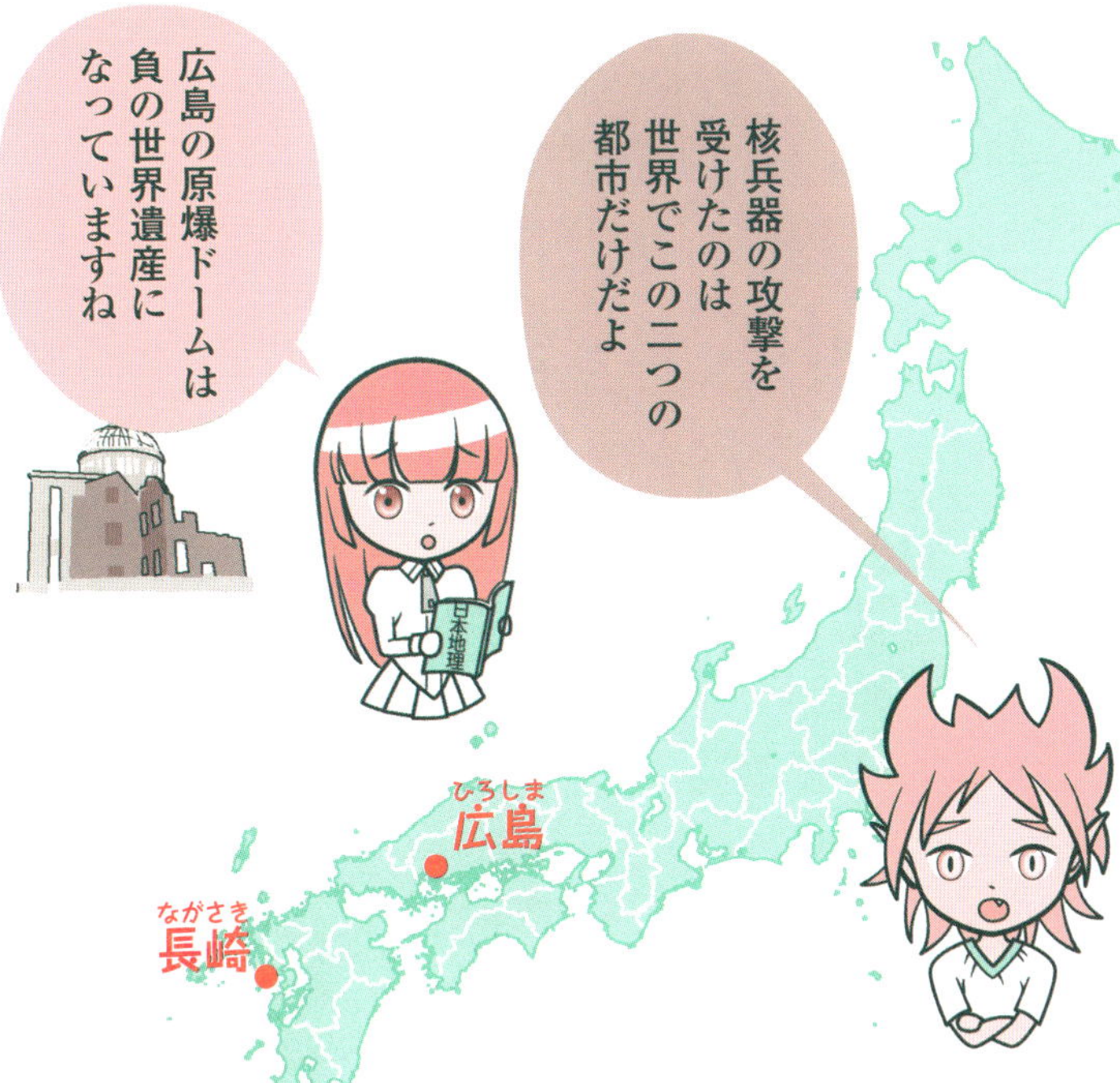

核兵器の攻撃を受けたのは世界でこの二つの都市だけだよ
広島の原爆ドームは負の世界遺産になっていますね
日本地理
ひろしま
広島
ながさき
長崎

オゾン層が破壊されると、紫外線による皮膚がんなどが増えると考えられています
日本には非核三原則がある。核兵器を「持たない、つくらない、持ちこませない」という決まりだな

※1 熱帯林を焼いてなくし、畑を作る農業。
※2 スプレー缶やエアコンなどから排出されるフロンガスが大気中に増えると、オゾン層が破壊される。

【33】どんなふうに環境問題《かんきょうもんだい》を解決《かいけつ》していくの？

毎年《まいとし》、COP《コップ》という会議《かいぎ》が開《ひら》かれている

1992年《ねん》、話《はな》し合《あ》いにより、地球温暖化《ちきゅうおんだんか》を食《く》い止《と》めるための**気《き》候変動枠組条約《こうへんどうわくぐみじょうやく》**が結《むす》ばれた。世界各国《せかいかっこく》が協力《きょうりょく》し合《あ》って、**温室効果《おんしつこうか》ガス**[※1]を減《へ》らす努力《どりょく》をすることを約束《やくそく》したんだね。条約《じょうやく》を結《むす》んだ国《くに》が集《あつ》まっておこなう会議《かいぎ》を**COP《コップ》（気候変動枠組条約締約国会議《きこうへんどうわくぐみじょうやくていやくこくかいぎ》）**といい、これまでに22[※2]回《かい》開《ひら》かれている。

1997年《ねん》に日本の京都《きょうと》で開《ひら》かれた**COP3《コップ》**では、国《くに》ごとに排出《はいしゅつ》する二酸化炭素《にさんかたんそ》の削減目標《さくげんもくひょう》を決《き》めた**京都議定書《きょうとぎていしょ》**が作《つく》られたけれど、ど

Conference	of	the	Parties
会議	～の		(ある目的で集まった)団体

『締約国会議』を略した言葉よ
コップという言葉のほうが断然覚えやすいな…

の国《くに》も思《おも》うように二酸化炭素《にさんかたんそ》を減《へ》らすことができなかった。そこで2015年《ねん》にフランスのパリで開《ひら》かれたCOP《コップ》21では、**パリ協定《きょうてい》**という新《あら》たな約束《やくそく》が作《つく》られ「21世紀後《せいきこう》半《はん》までに、温室効果《おんしつこうか》ガスの排出量《はいしゅつりょう》を実質《じっしつ》ゼロにする」「平均気温上昇《へいきんきおんじょうしょう》を2℃未満《みまん》におさえる」という目標《もくひょう》が掲《かか》げられたんだ。

石炭、石油、天然ガスなど、エネルギーに二酸化炭素はつきものだ。より環境にやさしいエネルギーが求められるな

国連でも「国連環境計画」という、フロンガスを減らすための方法が話し合われているそうです

※1 二酸化炭素など、地球に熱をとじこめる性質を持つガス。
※2 2017年3月現在。

【34】

今《いま》でも戦争《せんそう》をしている国《くに》はあるの？

残念《ざんねん》ながら、世界各地《せかいかくち》で起《お》こっているの

第二次世界大戦以降《だいにじせかいたいせんいこう》、世界中《せかいじゅう》が巻《ま》きこまれるような大《おお》きな戦争《せんそう》は起《お》こっていないわ。でも、特定《とくてい》の国《くに》だけでおこなわれる小《ちい》さな戦争《せんそう》や、一《ひと》つの国《くに》の中《なか》で異《こと》なる民族《みんぞく》、宗教《しゅうきょう》の人《ひと》たちが争《あらそ》う**内戦《ないせん》**は、今《いま》も世界《せかい》のあちこちで起《お》こっているの。

２０１７年現在《ねんげんざい》、特《とく》に危険《きけん》だと考《かんが》えられているのは、西《にし》アジアにある**イラク共和国《きょうわこく》**や**シリア・アラブ共和国《きょうわこく》**を中心《ちゅうしん》に活動《かつどう》している、**イスラム過激派組織《かげきはそしき》ＩＳＩＬ《アイシル》**の存在《そんざい》よ。この組織《そしき》は「イスラム教《きょう》を広《ひろ》

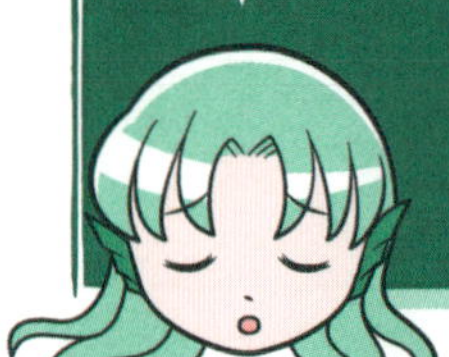

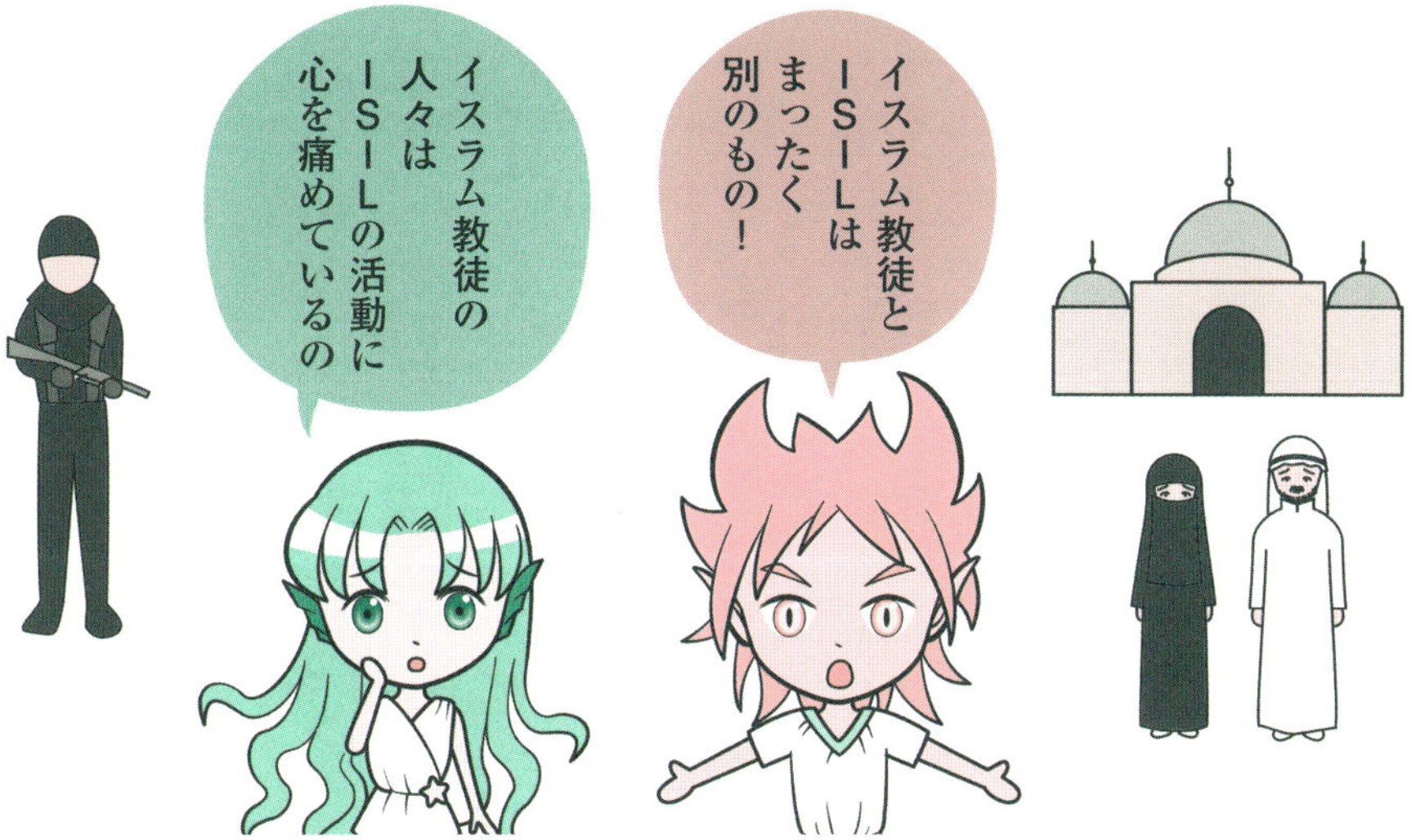
イスラム教徒と
ISILは
まったく
別のもの！
イスラム教徒の
人々は
ISILの活動に
心を痛めているの

めたムハンマドの教《おし》えを重《おも》んじるべき」という考《かんが》えを、自分《じぶん》たちの都合《つごう》のいいように解釈《かいしゃく》し、ほかの国《くに》の土地《とち》を支配《しはい》したり、**テロリズム**※を起《お》こしたりしているの。2015年《ねん》11月《がつ》には、フランスで**パリ同時多発《どうじたはつ》テロ**が起《お》こり、たくさんの無関係《むかんけい》な人々《ひとびと》が亡《な》くなったわ。

フランスはISIL《アイシル》との関係《かんけい》を戦争状態《せんそうじょうたい》だと宣言《せんげん》し、アメリカやロシアの協力《きょうりょく》を得《え》て、攻撃《こうげき》をおこなっているのよ。

戦争からのがれ、
他国へ逃げこんだ人
「難民」の増加も
世界的な問題だ

これ以上、
大きなテロリズムが
起こらないことを
祈りたいですね

※ 政治や土地の支配、お金の獲得、自分たちの活動のアピールなどのために、さまざまな暴力行為や破壊活動をおこなうこと。

【35】世界平和《せかいへいわ》のために、できることは何《なん》だろう？

「知《し》る」「考《かん》える」そして「表現《ひょうげん》する（行動《こうどう》する）」ことだよ

まずは、**知《し》ること**が世界平和《せかいへいわ》への第一歩《だいいっぽ》になるよ。国連《こくれん》の働《はたら》きや、世界《せかい》から核兵器《かくへいき》をなくすためのさまざまな約束《やくそく》ごと――**これ以上《いじょう》核兵器《へいき》を持《も》つ国《くに》を増《ふ》やさないようにする決《き》まり**や、**核兵器《かくへいき》の実験《じっけん》をおこなうことを禁止《きんし》する決《き》まり**などの存在《そんざい》を知《し》ること。世界《せかい》がどんな努力《どりょく》をしているのかをきちんと理解《りかい》しなければ、世界平和《せかいへいわ》について、自分《じぶん》なりの意見《いけん》を考《かん》えることもできないよね。

そして、あらゆる国《くに》、あらゆる民族《みんぞく》、あらゆる宗教《しゅうきょう》について**正《ただ》し**

「わからない」から
「知りたい」に
考え方を変えてみよう!
世界には一人として
同じ人はいないからな

い知識《ちしき》を持《も》ち、そこに属《ぞく》する人《ひと》たちの気《き》持《も》ちを**考《かんが》えてみること**も大切《たいせつ》だ。何《なに》を大《たい》切《せつ》に思《おも》っているか、何《なに》をされたら嫌《いや》な気《き》持《も》ちになるのか……人間関係《にんげんかんけい》と同《おな》じだね。世界中《せかいじゅう》の人《ひと》たちが、互《たが》いの気《き》持《も》ちを思《おも》いやり、尊重《そんちょう》できるようになれば、地球《ちきゅう》から争《あらそ》いはなくなるかもしれないよ。

友だちとのケンカに原因があるように、戦争にも必ず原因があるものだ

平和についてだれかと話したり、日記に書いたりして、自分なりに「表現する」ことも大切です

クイズ かいととたまみの休《やす》み時《じ》間《かん》②

うまるかな？ 世界地理《せかいちり》・クロスワード

地球《ちきゅう》で有名《ゆうめい》なパズル、クロスワードを作《つく》ってみました！

たまみはパズル好《ず》きだもんな…。
じゃあ、ぼくが解《と》いてみようか。

★ミッション！

カギをもとに、左《ひだり》ページのクロスワードパズルを解《と》きましょう。

〈ルール〉

・漢字《かんじ》は使《つか》いません。すべてひらがなかカタカナで答《こた》えましょう。
・単語《たんご》は右《みぎ》から左《ひだり》、上《うえ》から下《した》に入《はい》るとは限《かぎ》りません。逆《ぎゃく》もあります。

タテのカギ

（あ）教育《きょういく》や科学《かがく》、文化交流《ぶんかこうりゅう》を通《つう》じて世界平和《せかいへいわ》を守《まも》る国連機関《こくれんきかん》。

（い）温室効果《おんしつこうか》ガスの一《ひと》つで、オゾン層《そう》を破壊《はかい》する力《ちから》をもつ〇〇〇ガス。

（う）ＷＦＰ《ダブリュエフピー》は、世界《せかい》から「〇〇」をなくすために活動《かつどう》している機関《きかん》。

（え）近年《きんねん》、ＷＨＯ《ダブリュエイチオー》はMERS《マーズ》やエボラウイルス、〇〇〇〇〇〇による感染症《かんせんしょう》の対策《たいさく》をおこなった。

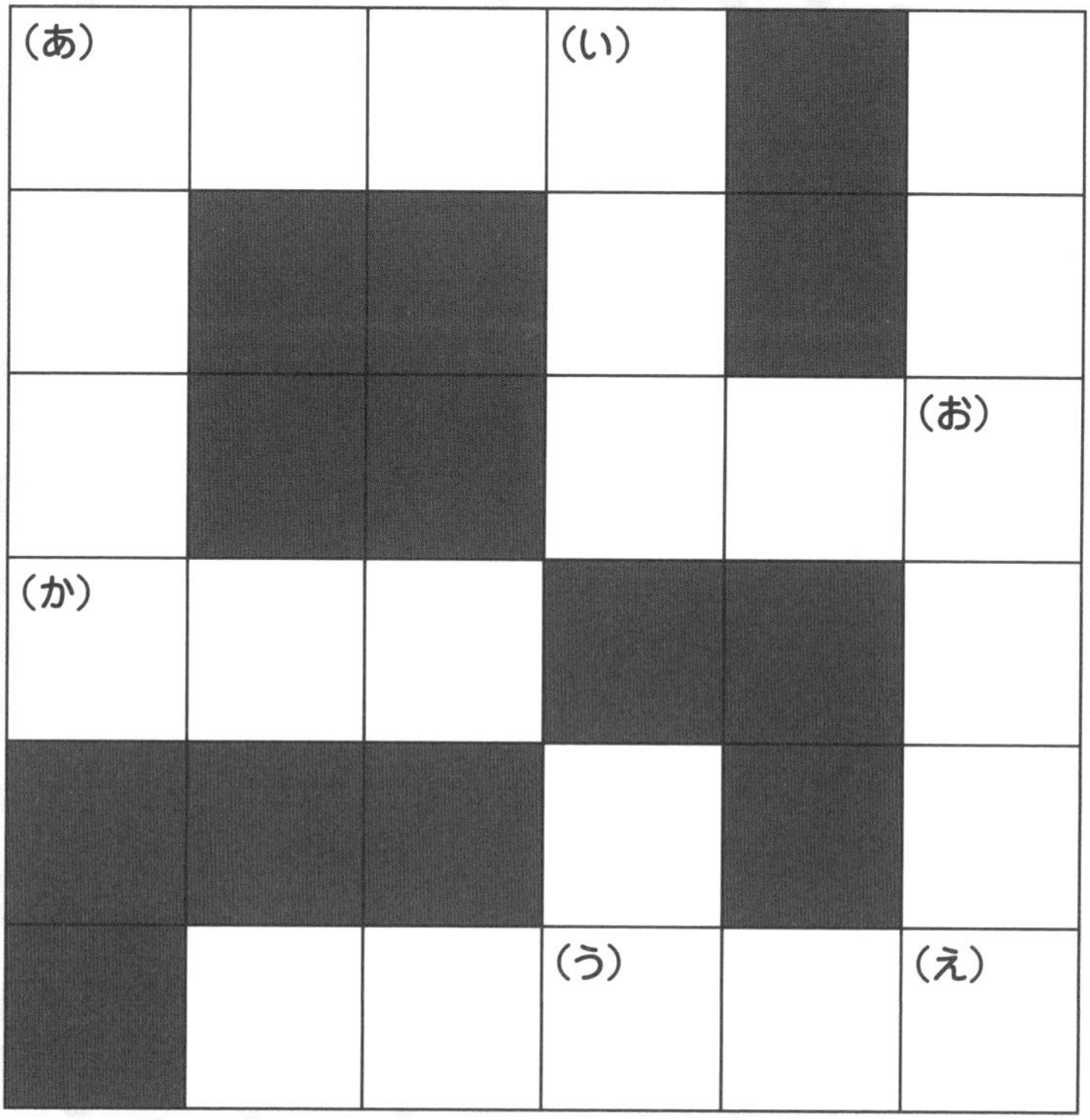

ヨコのカギ

(あ) 子《こ》どもの権利条約《けんりじょうやく》にもとづき、子《こ》どもが健全《けんぜん》にくらす支援《しえん》をしている国連組織《こくれんそしき》。

(え) 安全保障理事会《あんぜんほしょうりじかい》には、半永久的《はんえいきゅうてき》に理事会《りじかい》に参加《さんか》できる〇〇〇〇〇理事国《りじこく》が5か国存在《こくそんざい》する。

(お) 広島県《ひろしまけん》にある原爆《げんばく》ドームは、負《ふ》の世界《せかい》〇〇〇と呼《よ》ばれている。

(か) 気候変動枠組条約締約国会議《きこうへんどうわくぐみじょうやくていやくこくかいぎ》、通称《つうしょう》は？


答《こた》えは100ページに！

クイズの答《こた》え

(あ)ユ	ニ	セ	(い)フ	■	ス
ネ	■	■	ロ	■	ル
ス	■	■	ン	サ	(お)イ
(か)コ	ッ	プ	■	■	ウ
■	■	■	エ	■	カ
■	ン	ニ	(う)ウ	ョ	(え)ジ

さっき取材《しゅざい》したばかりのことだからぼくにとっては簡単《かんたん》な問題《もんだい》ばかりだな
きぃっくやしい！

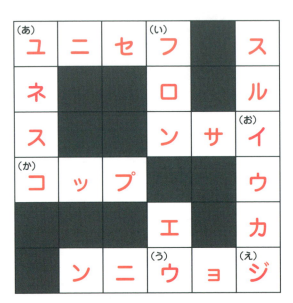

世界《せかい》の国々《くにぐに》について教《おし》えてください！ その1

環境《かんきょう》も文化《ぶんか》もちがう
個性的《こせいてき》な国々《くにぐに》について
もっと深《ふか》く知《し》りたくなって
きたんじゃない？
まずは日本に近《ちか》いアジアから
一緒《いっしょ》に見《み》ていこうか！

【36】アジア州《しゅう》ってどういうところ？

湿潤《しつじゅん》と乾燥《かんそう》、大《おお》きく二《ふた》つに分《わ》けられるわ

アジア州《しゅう》には、**世界人口《せかいじんこう》の約《やく》60％（2015年現在《ねんげんざい》）の人《ひと》がくらしている**の。世界一人口《せかいいちじんこう》が多《おお》い国《くに》、中国《ちゅうごく》もアジア州《しゅう》の国《くに》よ。前《まえ》にも（P22を見《み》てね）説明《せつめい》したとおり、日本もアジア州《しゅう》の一員《いちいん》なの。

アジア州《しゅう》は**ユーラシア大陸《たいりく》の半分以上《はんぶんいじょう》をしめる**、面積《めんせき》の広《ひろ》い地域《ちいき》。東西南北《とうざいなんぼく》の位置関係《いちかんけい》によって、さらに東《ひがし》・西《にし》・南《みなみ》・東南《とうなん》・中央《ちゅうおう》の5つに分《わ》けられるの。東南《とうなん》アジア、南《みなみ》アジア、東《ひがし》アジアの海側《うみがわ》は、季《き》節風《せつふう》※1の影響《えいきょう》によってたくさんの雨《あめ》が降《ふ》る地域《ちいき》（**湿潤《しつじゅん》アジア**）で、中《ちゅう》

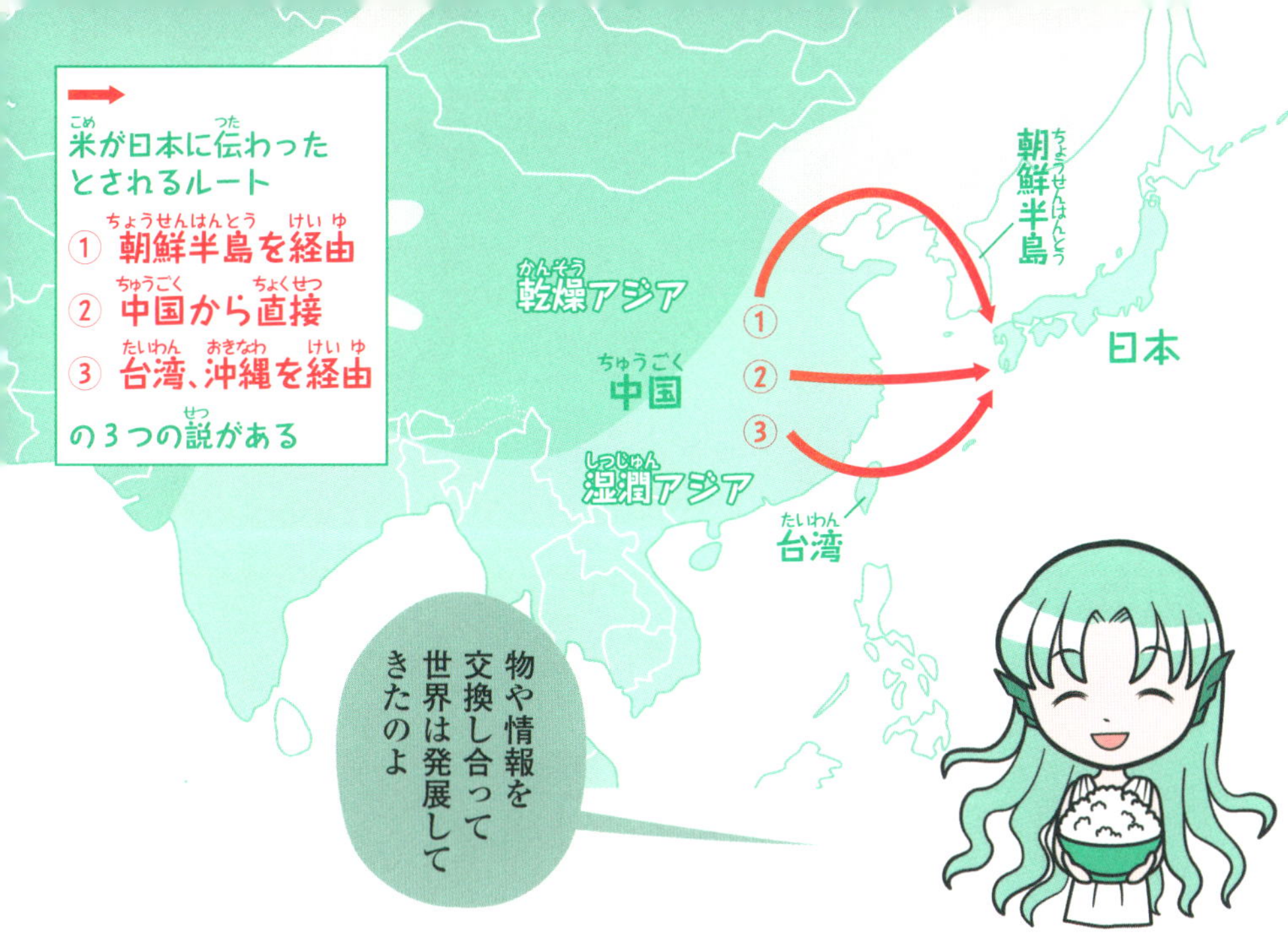
米《こめ》が日本に伝《つた》わったとされるルート
① 朝鮮半島《ちょうせんはんとう》を経由《けいゆ》
② 中国《ちゅうごく》から直接《ちょくせつ》
③ 台湾《たいわん》、沖縄《おきなわ》を経由《けいゆ》
の3つの説《せつ》がある
乾燥《かんそう》アジア
中国《ちゅうごく》
湿潤《しつじゅん》アジア
朝鮮半島《ちょうせんはんとう》
日本
台湾《たいわん》
①
②
③
物や情報を交換し合って世界は発展してきたのよ

央《おう》アジア、西《にし》アジア、東《ひがし》アジアの内陸部分《ないりくぶぶん》は、砂漠《さばく》や高原《こうげん》が多《おお》い乾《かん》燥《そう》した地域《ちいき》（**乾燥《かんそう》アジア**）よ。

湿潤《しつじゅん》アジアは**米作《こめづく》りに適《てき》した場《ば》所《しょ》**。日本で米《こめ》が作《つく》られるようになったのも、ほかのアジア州《しゅう》の国々《くにぐに》から米作《こめづく》りが伝《つた》わってきたことがきっかけ。乾燥《かんそう》アジアは砂漠《さばく》のある乾燥帯《かんそうたい》※2から冷帯《れいたい》、寒帯《かんたい》と、厳《きび》しい自然《しぜん》が広《ひろ》がっているわ。だから、**人口《じんこう》が少《すく》ない地域《ちいき》**でもあるの。

※1 P41参照。
※2 P30～33参照。

アジア州《しゅう》

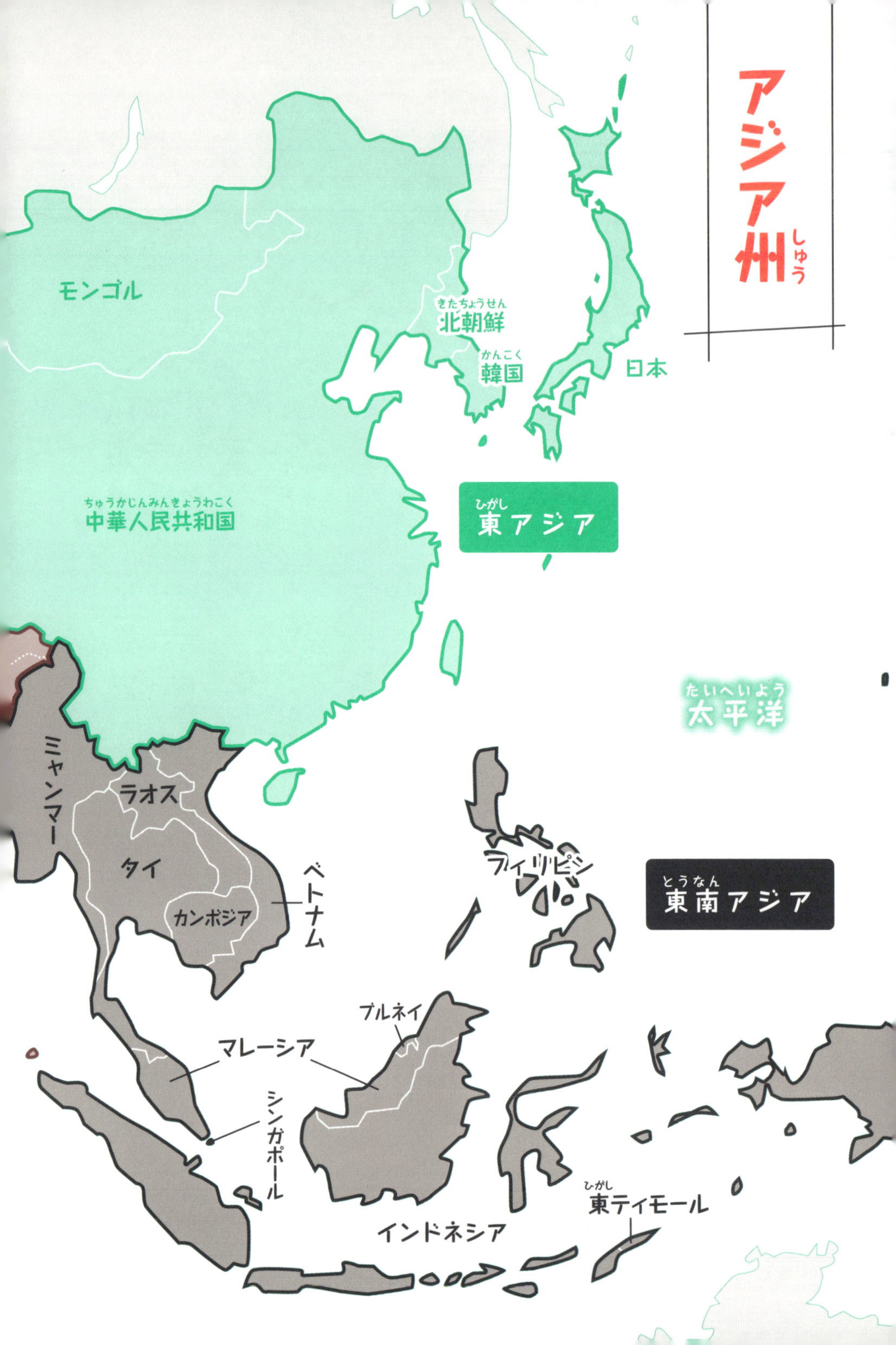

モンゴル
北朝鮮《きたちょうせん》
韓国《かんこく》
日本
中華人民共和国《ちゅうかじんみんきょうわこく》
東《ひがし》アジア
太平洋《たいへいよう》
ミャンマー
ラオス
タイ
カンボジア
ベトナム
フィリピン
東南《とうなん》アジア
ブルネイ
マレーシア
シンガポール
インドネシア
東《ひがし》ティモール

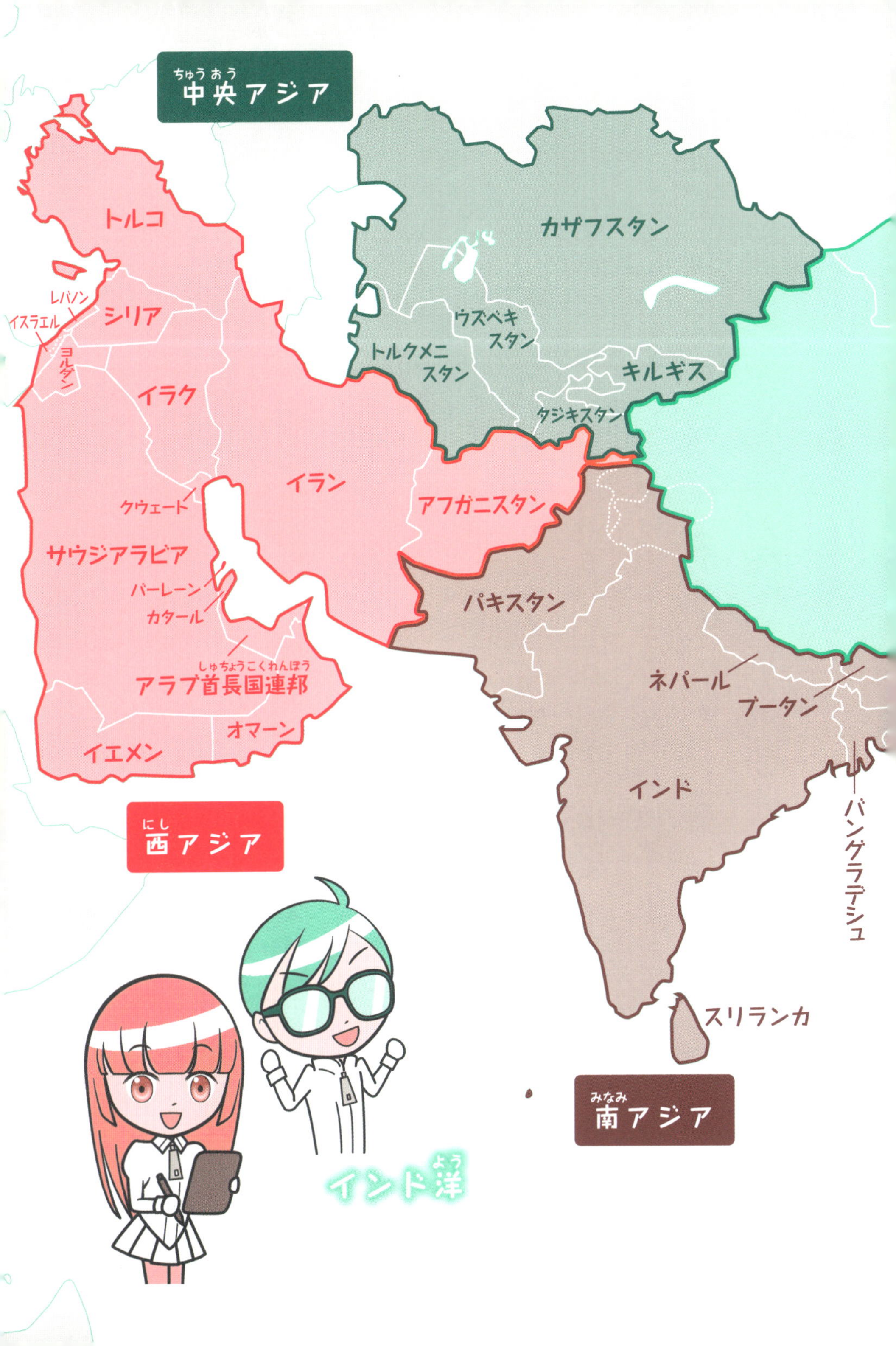
中央《ちゅうおう》アジア
トルコ
カザフスタン
レバノン
シリア
イスラエル
ヨルダン
ウズベキスタン
トルクメニスタン
キルギス
タジキスタン
イラク
イラン
クウェート
アフガニスタン
サウジアラビア
バーレーン
カタール
パキスタン
アラブ首長国連邦《しゅちょうこくれんぽう》
ネパール
ブータン
オマーン
イエメン
インド
バングラデシュ
西《にし》アジア
スリランカ
南《みなみ》アジア
インド洋《よう》

37

ここが知《し》りたい！世界《せかい》の国々《くにぐに》①

中華人民共和国《ちゅうかじんみんきょうわこく》

中国《ちゅうごく》は、約《やく》13億人《おくにん》がくらす、**世界《せかい》でもっとも人口《じんこう》が多《おお》い国《くに》**。50以《い》上《じょう》の民族《みんぞく》が共存《きょうぞん》する**多民族国家《たみんぞくこっか》**[※1]でもあるよ（うち、90%が漢民族《かんみんぞく》）。日本とのつながりはとても古《ふる》く、**漢字《かんじ》**や**米作《こめづく》り**、**仏教《ぶっきょう》**など、現在《げんざい》の日本に欠《か》かせない多《おお》くのものがこの国《くに》から伝《つた》わってきたんだ。

国《くに》の面積《めんせき》が広《ひろ》く、北《きた》は小麦《こむぎ》、南《みなみ》は米《こめ》と、地域《ちいき》によって食《た》べ物《もの》や調《ちょう》理法《りほう》が異《こと》なるのが特《とく》ちょう。特《とく》に北京《ぺきん》・上海《しゃんはい》・四川《しせん》・広東《かんとん》の4つの地域《ちいき》の料理《りょうり》は、**中国四大料理《ちゅうごくよんだいりょうり》**として外国《がいこく》でも親《した》しまれているよ。

中国最長の川・長江と次に長い川・黄河のまわりには、古代文明が作られたんだ
北京《ぺきん》
（首都《しゅと》）
黄河《こうが》
長江《ちょうこう》
上海《しゃんはい》
四川省《しせんしょう》
広東省《かんとんしょう》
広州《こうしゅう》
夜景で有名な上海に、首都の北京、工業・商業都市である広州…中国にはまだまだ大都市がたくさんあるわ

近年中国《きんねんちゅうごく》は、高層《こうそう》ビルやマンションがたくさん建設《けんせつ》されるなど、大都市《だいとし》が急激《きゅうげき》な経済発展《けいざいはってん》（お金持《かねも》ちになってきた、ということ）をとげている。「輸出《ゆしゅつ》※2入《にゅう》にかかる税金《ぜいきん》をはらわなくていい」などの特別《とくべつ》ルールがある**経済特区《けいざいとっく》**を作《つく》り、外国企業《がいこくきぎょう》の支社《しゃ》や工場《こうじょう》を呼《よ》びこんだことがその理由《りゆう》だといわれているよ。一方《いっぽう》で、農村地域《のうそんちいき》は変《か》わらず貧《まず》しいまま。お金《かね》のある人《ひと》とない人《ひと》の差《さ》が大《おお》きい、**格差社会《かくさしゃかい》**なんだ。

※1 P61参照。
※2 外国に商品を売ったり、外国から商品を買ったりすること。

【38】

ここが知《し》りたい！世界《せかい》の国々《くにぐに》②
朝鮮半島《ちょうせんはんとう》

韓国《かんこく》と**北朝鮮《きたちょうせん》**、二《ふた》つの国《くに》から成《な》り立《た》つ**朝鮮半島《ちょうせんはんとう》**は、もともと一《ひと》つの国《くに》であり、※1日本の※2植民地《しょくみんち》だったの。終戦後《しゅうせんご》は、**北緯《ほくい》38度線《どせん》**を境目《さかいめ》として、南部《なんぶ》はアメリカに、北部《ほくぶ》はソ連《れん》（現在《げんざい》のロシア）に占領《せんりょう》されたわ。１９４８年《ねん》の８月《がつ》に韓国《かんこく》が、９月《がつ》に北朝鮮《きたちょうせん》がそれぞれ独立《どくりつ》したのだけれど、二《ふた》つの国《くに》が再《ふたた》び一緒《いっしょ》になることはなかったの。それどころか、１９５０年《ねん》には半島全体《はんとうぜんたい》の領土《りょうど》をめぐり、**朝鮮戦争《ちょうせんせんそう》**が起《お》こったわ。１９５３年《ねん》に休戦《きゅうせん》となったけれど、今《いま》も二《ふた》つの国《くに》の関《かん》

係《けい》は良好《りょうこう》とはいえないの。

韓国《かんこく》は首都《しゅと》ソウルを中心《ちゅうしん》に工業《こうぎょう》が発展《はってん》。２００２年《ねん》には**日韓《にっかん》サッカーワールドカップ**が共同開催《きょうどうかいさい》されたのよ。北朝鮮《きたちょうせん》では、軍隊《ぐんたい》と政《せい》治《じ》が深《ふか》く関係《かんけい》する政治《せいじ》がおこなわれているの。外国人《がいこくじん》※3を強制的《きょうせいてき》に国《くに》へ連《つ》れてきたり、核兵器《かくへいき》を開発《かいはつ》したりするなどして、世界《せかい》から見張《みは》られているのよ。

北緯《ほくい》38度線《どせん》
北緯38度線は朝鮮戦争が休戦したとき、両国が争っていた境界線のことなんだ
北朝鮮《きたちょうせん》
ピョンヤン
（首都《しゅと》）
ソウル（首都《しゅと》）
韓国《かんこく》
（地図上《ちずじょう》の）北緯《ほくい》38度線《どせん》

ハングル（朝鮮の文字）や伝統衣装のチマ・チョゴリなど共通の伝統が数多くあります
二つの国を一つにしたいという声は、今も根強く上がっているそうだ
韓国の俳優やアーティストは日本でも大人気ですね！

※1 1910年から、第二次世界大戦が終わった1945年まで。 ※2 P43参照。
※3 北朝鮮による拉致事件。現在も解決されていない。

【39】ここが知《し》りたい！世界《せかい》の国々《くにぐに》③ インド

算数《さんすう》&英語《えいご》教育《きょういく》でコンピューター技術《ぎじゅつ》が発展《はってん》

南《みなみ》アジアにあるインドは近年《きんねん》、コンピューターの開発《かいはつ》などをおこなう**IT《アイティー》関連《かんれん》企業《きぎょう》の成長《せいちょう》**によって、経済《けいざい》が急速《きゅうそく》に発展《はってん》した。これはインドが算数《さんすう》と英語《えいご》の教育《きょういく》に力《ちから》を入《い》れたためといわれている。

インドは**数字《すうじ》の「0」が発明《はつめい》された国《くに》**であり、算数《さんすう》に対《たい》する意識《いしき》が高《たか》い。学校《がっこう》で勉強《べんきょう》するかけ算《ざん》も、九九《くく》だけでなく、2けた×2けたの答《こた》えまで暗記《あんき》するんだよ。

英語《えいご》に関《かん》しては、少《すこ》し特殊《とくしゅ》な事情《じじょう》がある。実《じつ》は、インドには二《ふた》つ

ガンジス川は
ヒンドゥー教の聖地！
水浴びをすると
すべての罪がなくなる
とされているの
ダージリン
アッサム
ニューデリー
(首都《しゅと》)
ガンジス川《がわ》
ニルギリ
インドはダージリン、
アッサム、ニルギリなど
紅茶の産地として有名
現在もプランテーション農業※2
がおこなわれています

の公用語《こうようご》があるんだ。一《ひと》つはもっとも多《おお》くの国民《こくみん》が話《はな》す**ヒンディー語《ご》**。そしてもう一《ひと》つが**英語《えいご》**なんだ。これにはインドが昔《むかし》、イギリスの植民地《しょくみんち》だったことが影響《えいきょう》している。とはいえ、インドはさまざまな言語《げんご》を話《はな》す民族《みんぞく》が共存《きょうそん》している**多民族国家《たみんぞくこっか》**※1。そのため、国《くに》の公《こう》用語《ようご》のほかに、地域《ちいき》ごとの公用語《こうようご》を定《さだ》めていいというルールがあるんだ。

インドは
ヒンドゥー教の国ですが、
世界遺産のタージ・マハルは
イスラム教のお墓なんですよ

※1 P61参照。　※2 P114参照。

【40】ここが知《し》りたい！世界《せかい》の国々《くにぐに》④ 東南《とうなん》アジア（1）

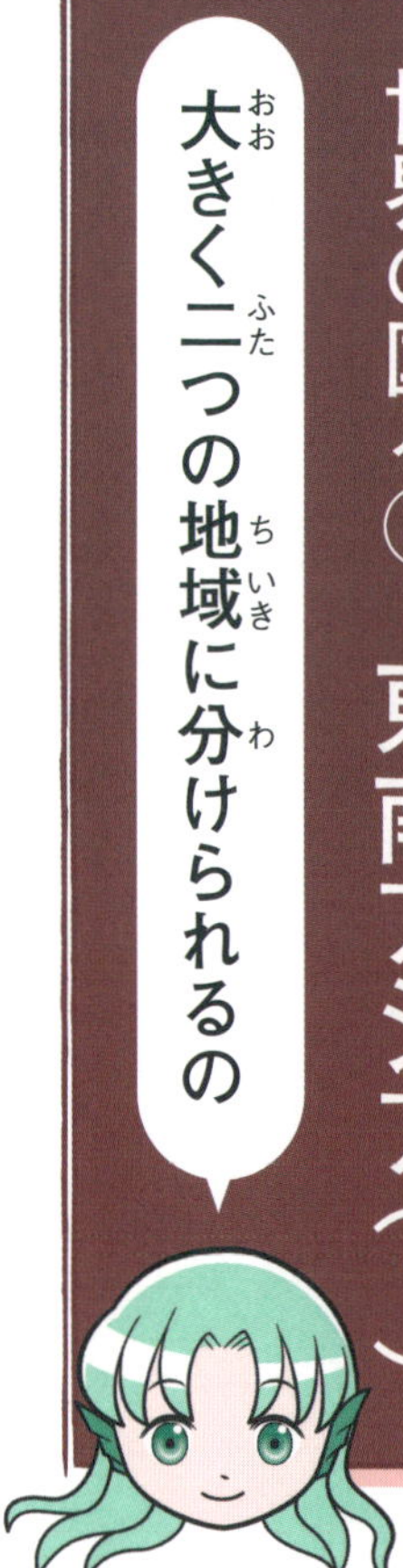

東南《とうなん》アジアは、大《おお》きく二《ふた》つの地域《ちいき》に分《わ》けることができるわ。一《ひと》つはインドや中国《ちゅうごく》とつながる、**マレー半島《はんとう》やインドシナ半島《はんとう》にある国々《くにぐに》**。タイやベトナム、ミャンマーなどね。この地域《ちいき》は季節風《きせつふう》※1の影響《えいきょう》で、６月《がつ》から10月頃《がつごろ》までが雨季《うき》となるの。この雨季《うき》と、熱帯《ねったい》特有《とくゆう》の高温《こうおん》が稲作《いなさく》にぴったり！　１年《ねん》に２、３回《かい》も米作《こめづく》りができるのよ。特《とく》に**タイは世界有数《せかいゆうすう》の米輸出国《こめゆしゅつこく》**として有名《ゆうめい》ね。もう一《ひと》つは、インドネシアやフィリピンなど、**赤道《せきどう》のまわりにある島国《しまぐに》**。こちらの

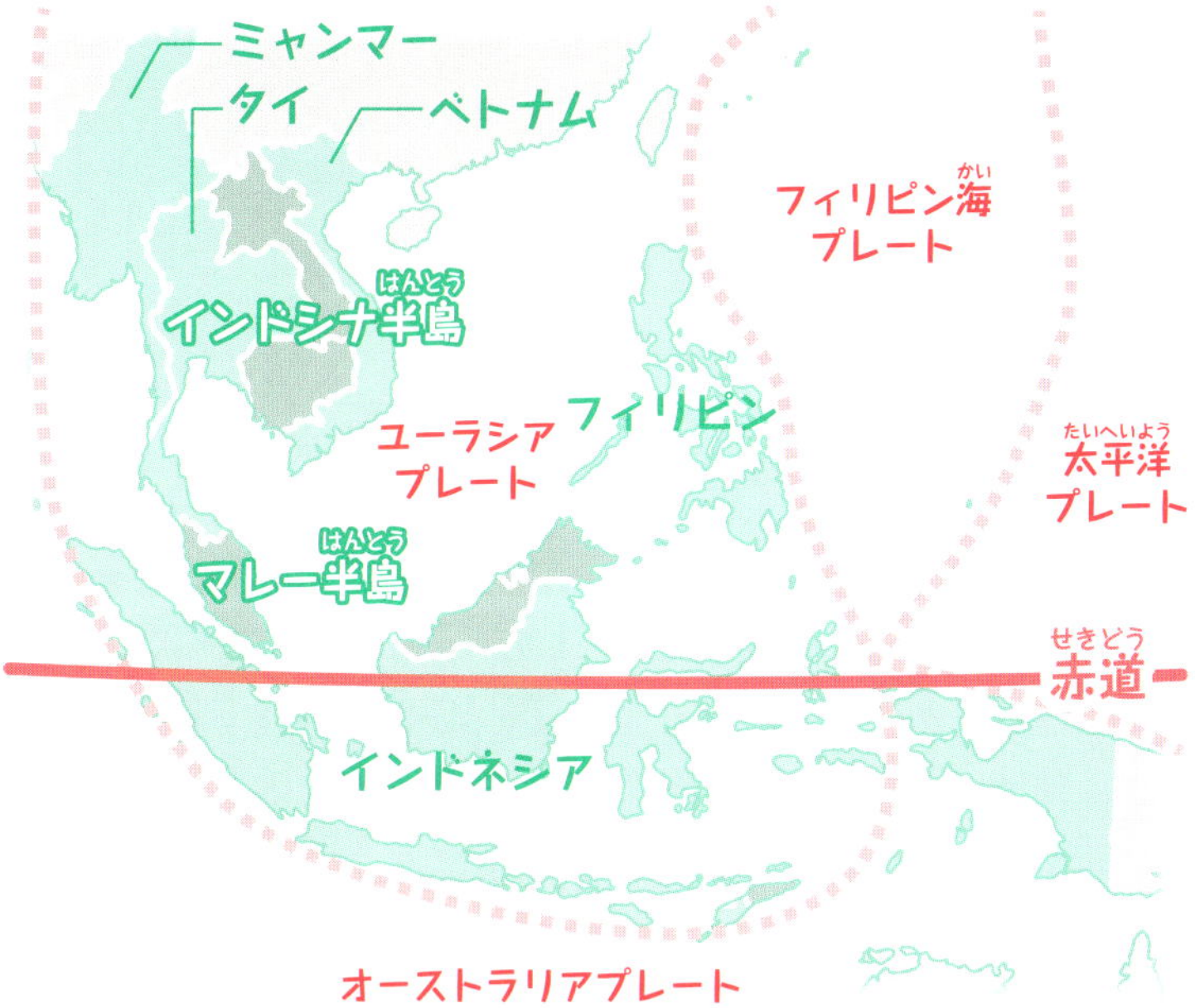
ミャンマー
タイ
ベトナム
インドシナ半島《はんとう》
フィリピン海《かい》
プレート
ユーラシア
プレート
フィリピン
太平洋《たいへいよう》
プレート
マレー半島《はんとう》
赤道《せきどう》
インドネシア
オーストラリアプレート

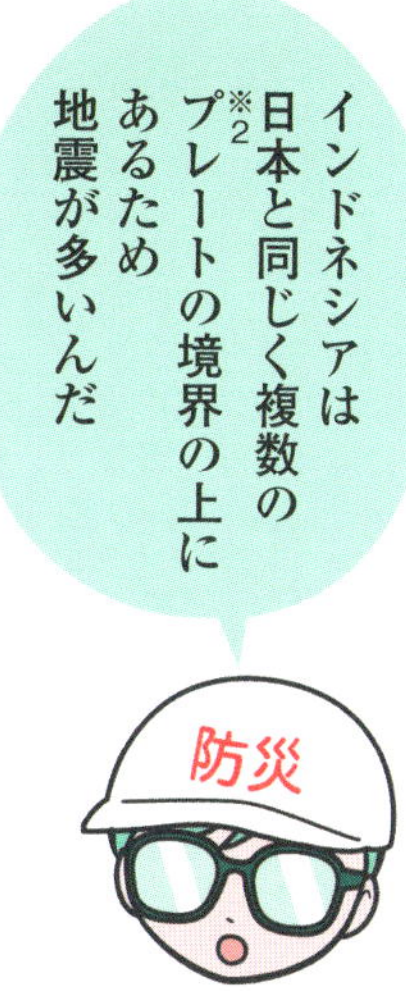
インドネシアは
日本と同じく複数の
※2プレートの境界の上に
あるため
地震が多いんだ
防災

地域《ちいき》は一年中雨《いちねんじゅうあめ》が多《おお》く、大《おお》きな**熱帯雨林《ねったいうりん》**が広《ひろ》がっているの。半島《はんとう》とは異《こと》なり、焼畑農業《やきはたのうぎょう》などによる**いも類《るい》の栽培《さいばい》**がさかんよ。

両方《りょうほう》の地域《ちいき》に共通《きょうつう》する特《とく》ちょうとして、さまざまな宗教《しゅうきょう》や言語《げんご》が入《い》り交《ま》じっていることがあげられるわ。これは、貿易相手《ぼうえきあいて》だったインドや中国《ちゅうごく》、植《しょく》民地支配《みんちしはい》をされていたヨーロッパや日本から影響《えいきょう》を受《う》けたため。個性豊《こせいゆた》かな文化《ぶんか》が築《きず》かれたのよ。

半島では仏教、
インドネシアやマレーシアではイスラム教、
フィリピンはキリスト教が多いんだな

※1 P41参照。
※2 地球の表面をおおっている巨大な岩でできた板。全部で十数枚ある。プレートの動きやぶつかったときの衝撃が地震の原因となる。

【41】

ここが知《し》りたい！世界《せかい》の国々《くにぐに》⑤ 東南《とうなん》アジア(2)

東南《とうなん》アジア全体《ぜんたい》の工業化《こうぎょうか》が進《すす》んでいる

かつて東南《とうなん》アジアが植民地《しょくみんち》だった時代《じだい》、外国人《がいこくじん》たちは**プランテーション**と呼《よ》ばれる大農園《だいのうえん》を作《つく》り、現地《げんち》の人々《ひとびと》を安《やす》い賃金《ちんぎん》で働《はたら》かせていた。そして東南《とうなん》アジア各国《かっこく》が独立《どくりつ》したあとも、人々《ひとびと》は残《のこ》されたプランテーションで農業《のうぎょう》を続《つづ》けたんだ。現在《げんざい》の東南《とうなん》アジアにとって、そこで栽培《さいばい》されている**天然《てんねん》ゴム**や**バナナ**、**油《あぶら》やし**※1は大切《たいせつ》な輸出品《ゆしゅつひん》だよ。

1967年《ねん》には、東南《とうなん》アジアの国々《くにぐに》が集《あつ》まり、**東南《とうなん》アジア諸国連《しょこくれん》合《ごう》**(ASEAN《アセアン》)が作《つく》られた。国同士《くにどうし》が協力《きょうりょく》し合《あ》い、経済《けいざい》を活性化《かっせいか》

タイの首都バンコクやマレーシアの首都クアラルンプールなどには“超”高層ビルが次々と建設されているの
農業地帯との貧困格差が問題視されているらしい

させるのが目的《もくてき》だ。２０１７年現在《ねんげんざい》、10か国《こく》※2が加入《かにゅう》しているよ。

人件費《じんけんひ》の安《やす》さをアピールしたり、税金《ぜいきん》を安《やす》くしたりして外国《がいこく》の企業《きぎょう》を呼《よ》びこんだ結果《けっか》、衣類《いるい》を作《つく》る工場《こうじょう》や電気機器《でんききき》の組《く》み立《た》てをおこなう工場《こうじょう》などがたくさん作《つく》られ、東南《とうなん》アジア全体《ぜんたい》の工業化《こうぎょうか》が進《す》むこととなったんだ。

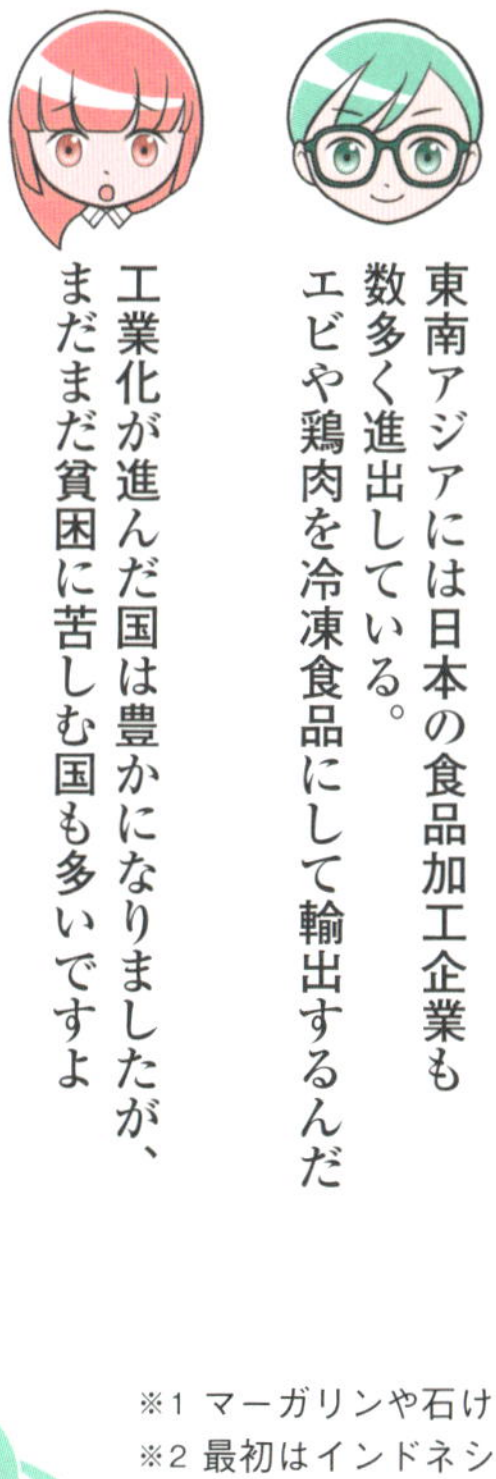
東南アジアには日本の食品加工企業も数多く進出している。エビや鶏肉を冷凍食品にして輸出するんだ
工業化が進んだ国は豊かになりましたが、まだまだ貧困に苦しむ国も多いですよ

※1 マーガリンや石けんの原料になるパーム油がとれる植物。
※2 最初はインドネシア、シンガポール、タイ、フィリピン、マレーシアの5か国で立ち上げられた。後にブルネイ、ベトナム、ラオス、ミャンマー、カンボジアが加わり10か国に。

【42】

ここが知《し》りたい！世界《せかい》の国々《くにぐに》⑥ 西《にし》アジア・中央《ちゅうおう》アジア

原油《げんゆ》によって大《おお》きな利益《りえき》を得《え》ている地域《ちいき》よ

ネフド砂漠《さばく》をはじめとした、広《ひろ》くて大《おお》きな砂漠《さばく》をいくつも抱《かか》えている西《にし》アジアと中央《ちゅうおう》アジア。雨《あめ》がほとんど降《ふ》らない**乾燥地帯《かんそうちたい》**よ。

この地域《ちいき》の主《おも》な輸出品《ゆしゅつひん》は、現代社会《げんだいしゃかい》に欠《か》かせない燃料《ねんりょう》や原料《げんりょう》として使《つか》われる**原油《げんゆ》**。特《とく》に、西《にし》アジアにある**サウジアラビア**には、世界中《せかいじゅう》に存在《そんざい》する原油《げんゆ》の約《やく》※1 6分《ぶん》の1が埋《う》まっているといわれているの。

原油《げんゆ》がとれる国々《くにぐに》は**石油輸出国機構《せきゆゆしゅつこくきこう》**（OPEC《オペック》）を作《つく》り、各国《かっこく》の利益《りえき》を平等《びょうどう》にするべく、原油《げんゆ》の価格設定《かかくせってい》をおこなっているわ。原油《げんゆ》

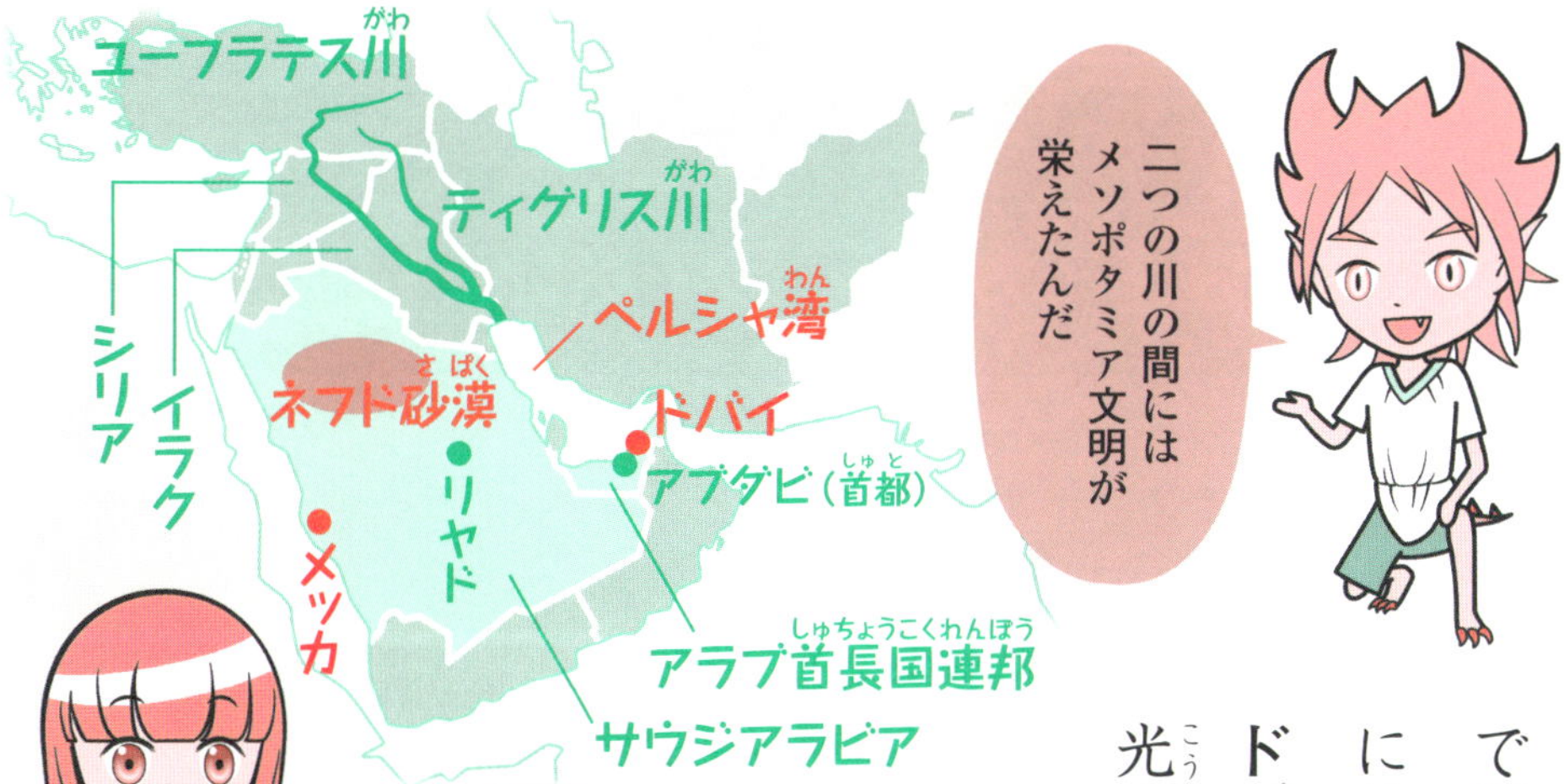

ユーフラテス川《がわ》
ティグリス川《がわ》
ペルシャ湾《わん》
シリア
イラク
ネフド砂漠《さばく》
ドバイ
リヤド
アブダビ（首都《しゅと》）
メッカ
アラブ首長国連邦《しゅちょうこくれんぽう》
サウジアラビア
二つの川の間には
メソポタミア文明が
栄えたんだ

サウジアラビアには
イスラム教最大の
聖地「メッカ」が
あります

で得《え》た利益《りえき》は、自国《じこく》の発展《はってん》や発展途上国《はってんとじょうこく》の援助《えんじょ》のために使《つか》われているの。有名《ゆうめい》なのは、**アラブ首長国連邦《しゅちょうこくれんぽう》のドバイ**。リゾート開発《かいはつ》や高層《こうそう》ビルの建設《けんせつ》をおこない、観《かん》光客《こうきゃく》の呼《よ》びこみに成功《せいこう》しているのよ。

一方《いっぽう》、この地域《ちいき》は**イスラム教《きょう》の発祥地《はっしょうち》**でもあり、今《いま》も宗派《しゅうは》による考《かんが》え方《かた》のちがいから、争《あらそ》いやテロなどが起《お》きているの。イラクやシリアはISIL《アイシル》※2の活動拠点《かつどうきょてん》として、危《き》険視《けんし》されているわ。

原油がとれる場所を油田という。ペルシャ湾の沿岸に多く存在するな

※1 2014年調べ。 ※2 P94参照。

日本に来《き》たら……大変身《だいへんしん》!?
みんな大好《だいす》き！カレー&ラーメン

日本中《じゅう》のどこでも気軽《きがる》に食《た》べることができて、大人《おとな》も子《こ》どもも大好《だいす》きなメニューといえば……

そう、カレーとラーメン！

カレーはもともとインドで、ラーメンは中国《ちゅうごく》で生《う》まれた食《た》べ物《もの》だということは、みんな知《し》っているよね。

でも、本場《ほんば》のカレーやラーメンは、みんなが知《し》っている日本のカレーやラーメンとは姿《すがた》も味《あじ》もまったくちがう食《た》べ物《もの》なんだ。

ここでは本場《ほんば》のメニューを紹介《しょうかい》するよ！

インド生《う》まれのカレー

カレー＝煮《に》こみ料理《りょうり》!?

日本人《じん》をふくむ外国人《がいこくじん》が「インドカレー」と呼《よ》んでいるものは、インドではただの「具材《ぐざい》のスパイス煮《に》こみ」。煮《に》こむ具材《ぐざい》によって、異《こと》なるメニュー名《めい》がついているのよ。

日本は…

ごはんの上《うえ》に、小麦粉《こむぎこ》入《い》りのとろみがかったルーをかける「カレーライス」が定番《ていばん》！

左手《ひだりて》は使《つか》っちゃダメ！

インドの人々《ひとびと》にとって、左手《ひだりて》はトイレに行《い》くときや、あまりきれいでないものを触《さわ》るときに使《つか》う手《て》。だから、食事《しょくじ》のときは右《みぎ》手《て》で直接《ちょくせつ》パンをちぎったり、ごはんをすくったりするのよ。

写真：PIXTA

北《きた》と南《みなみ》で異《こと》なる主食《しゅしょく》

北《きた》インドでは、ナンやチャパティと呼《よ》ばれる小麦《こむぎ》のパンと一緒《いっしょ》にカレー（おかず）を食《た》べ、南《みなみ》インドではごはんをカレーにまぜて食《た》べるの。南北《なんぼく》で栽培《さいばい》されている主食《しゅしょく》がちがうのね。

中国《ちゅうごく》生《う》まれのラーメン

だしはあっさり！

中国《ちゅうごく》のラーメンは、たっぷりの野菜《やさい》や揚《あ》げた肉《にく》など、日本に比《くら》べてやや具《ぐ》がごうか。そこで使《つか》われているのが、牛骨《ぎゅうこつ》を煮《に》こんで作《つく》ったスープ。あっさりしているから具《ぐ》の味《あじ》をじゃましないんだ。

麺《めん》の作《つく》り方《かた》は「手延《ての》べ式《しき》」！

手延《ての》べ式《しき》とは、日本のそうめんや稲庭《いなにわ》うどんと同《おな》じ作《つく》り方《かた》。生地《きじ》を「のばす→束《たば》ねる」をくり返《かえ》し、麺《めん》の形《かたち》にしていくんだ。こしがなく、やわらかい麺《めん》になるのが特《とく》ちょうだよ。

写真：PIXTA

パスタみたいな形《かたち》の麺《めん》!?

小麦粉《こむぎこ》で作《つく》った生地《きじ》を包丁《ほうちょう》で削《けず》っていく「刀削麺《とうしょうめん》」のように「ひも状《じょう》じゃない麺《めん》」があるのも中国《ちゅうごく》のラーメンの特《とく》ちょう。日本のラーメンのように、スープに入《はい》った温《あたた》かい麺《めん》を「湯麺《たんめん》」というよ。

日本は…

麺《めん》はコシが強《つよ》め。また、魚介《ぎょかい》や豚骨《とんこつ》など、だし（スープ）にこだわることが多《おお》い！

おなかがすいてきましたね…
年月《ねんげつ》とともに、日本人《じん》好《ごの》みの味《あじ》に変化《へんか》していったんだな

【43】アフリカ州《しゅう》ってどういうところ？

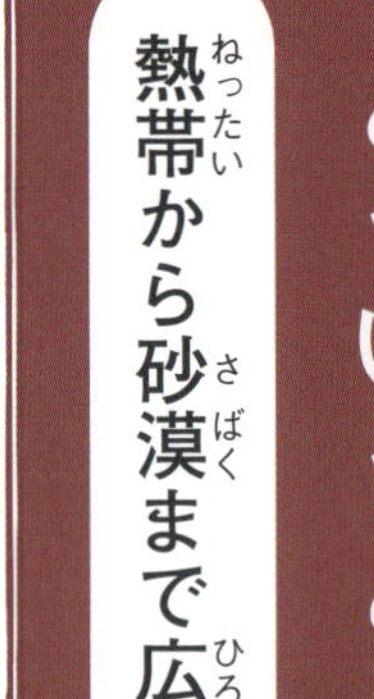

アフリカ州《しゅう》は、世界《せかい》でもっとも多《おお》い**54の独立国《どくりつこく》が属《ぞく》している州《しゅう》**。民《みん》族《ぞく》の数《かず》はそれ以上《いじょう》で、信仰《しんこう》されている宗教《しゅうきょう》もバラバラなんだ。州《しゅう》の真《ま》ん中辺《なかあた》りには赤道《せきどう》が通《とお》っており、そこを基準《きじゅん》としてさまざまな気候《きこう》が見《み》られるのが特《とく》ちょうだよ。まず、赤道付近《せきどうふきん》には熱帯《ねったい》が、そこから南北《なんぼく》に少《すこ》し離《はな》れるとサバナ※1が現《あらわ》れる。もう少《すこ》し離《はな》れるとステップ※2が見《み》られるようになって、南北《なんぼく》の両《りょう》はしまでたどりつくと、乾《かん》燥帯《そうたい》である砂漠《さばく》が広《ひろ》がっているんだ。熱帯《ねったい》やサバナには、**自然保護《しぜんほご》**※3

アフリカ州《しゅう》の気候分布《きこうぶんぷ》

サハラ砂漠《さばく》
乾燥帯《かんそうたい》
砂漠気候《さばくきこう》
ステップ気候《きこう》
熱帯《ねったい》
サバナ気候《きこう》
熱帯雨林気候《ねったいうりんきこう》
サバナ気候《きこう》
乾燥帯《かんそうたい》
ステップ気候《きこう》
砂漠気候《さばくきこう》
赤道《せきどう》

北アフリカの砂漠化は心配ね…

熱帯雨林は貴重な自然の宝庫！

区《く》や**国立公園**《こくりつこうえん》に指定《してい》されている場所《ばしょ》もある。豊《ゆた》かな自然《しぜん》のおかげで、たくさんの動物《どうぶつ》たちがくらしているからね。

しかし、困《こま》った事態《じたい》も起《お》きている。北《きた》アフリカの砂漠《さばく》の面積《めんせき》は、現在《げんざい》アフリカ州《しゅう》の約《やく》3分《ぶん》の1をしめているんだけど、これが近年《きんねん》、少《すこ》しずつ広《ひろ》がっているんだ。砂漠化《さばくか》が進《すす》んでいる地域《ちいき》のことを**サヘル**というよ。

北アフリカの砂漠は、サハラ砂漠が有名ですね
熱帯には熱帯雨林（ジャングル）が広がっているぞ

※1 P29参照。　※2 P32参照。
※3 人間による開発を防ぎ、生態系や地形などを守るために定められた区域。

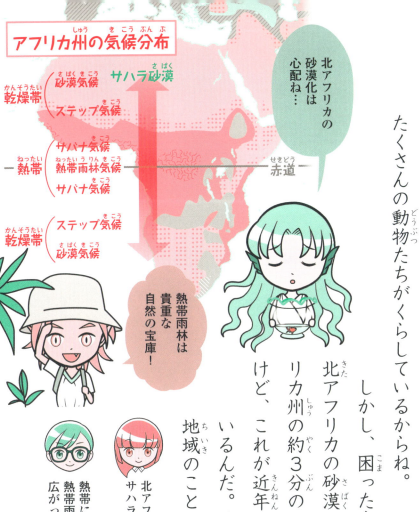

アフリカ州《しゅう》

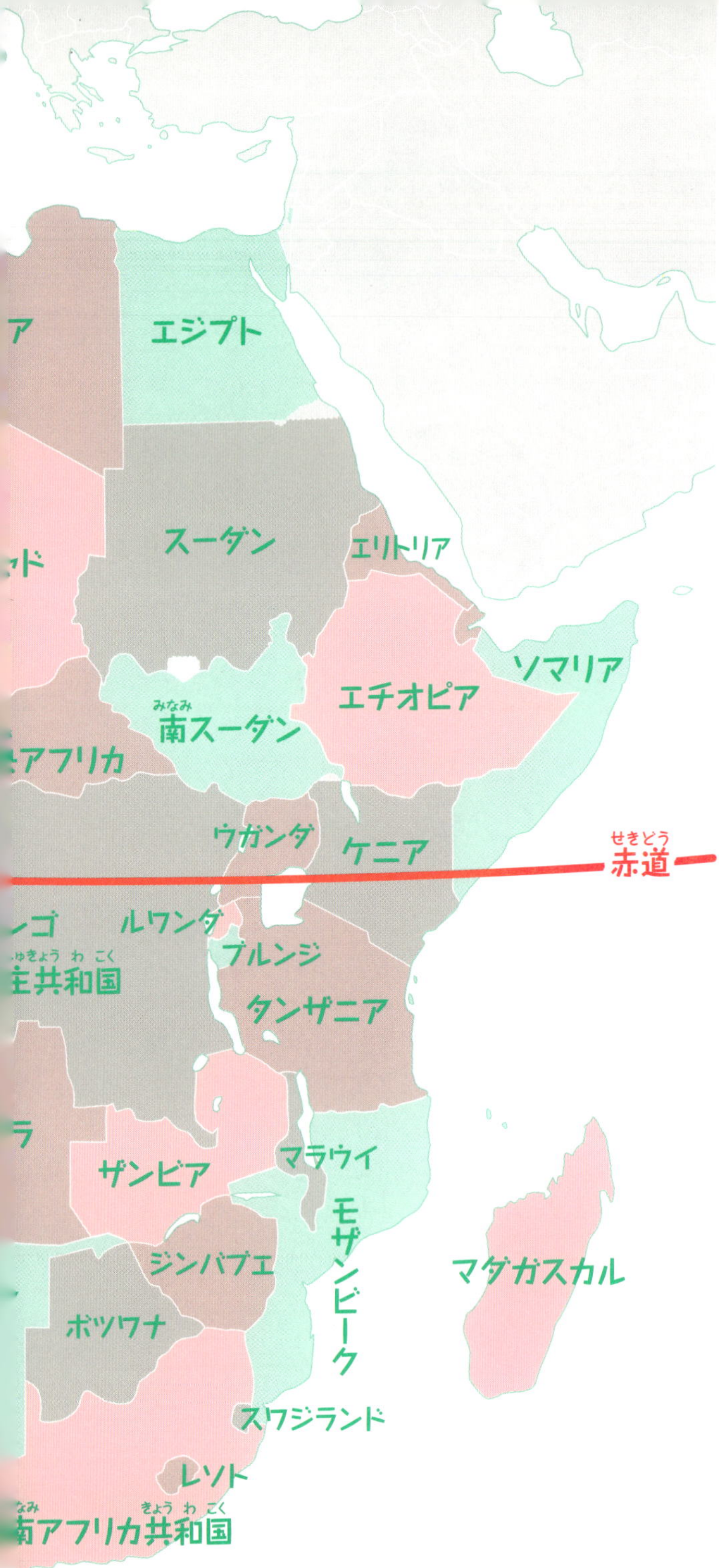

エジプト
スーダン
エリトリア
ソマリア
エチオピア
南《みなみ》スーダン
ウガンダ
ケニア
赤道《せきどう》
インド洋《よう》
ルワンダ
ブルンジ
タンザニア
マラウイ
ザンビア
モザンビーク
マダガスカル
ジンバブエ
ボツワナ
スワジランド
レソト
南アフリカ共和国《きょうわこく》

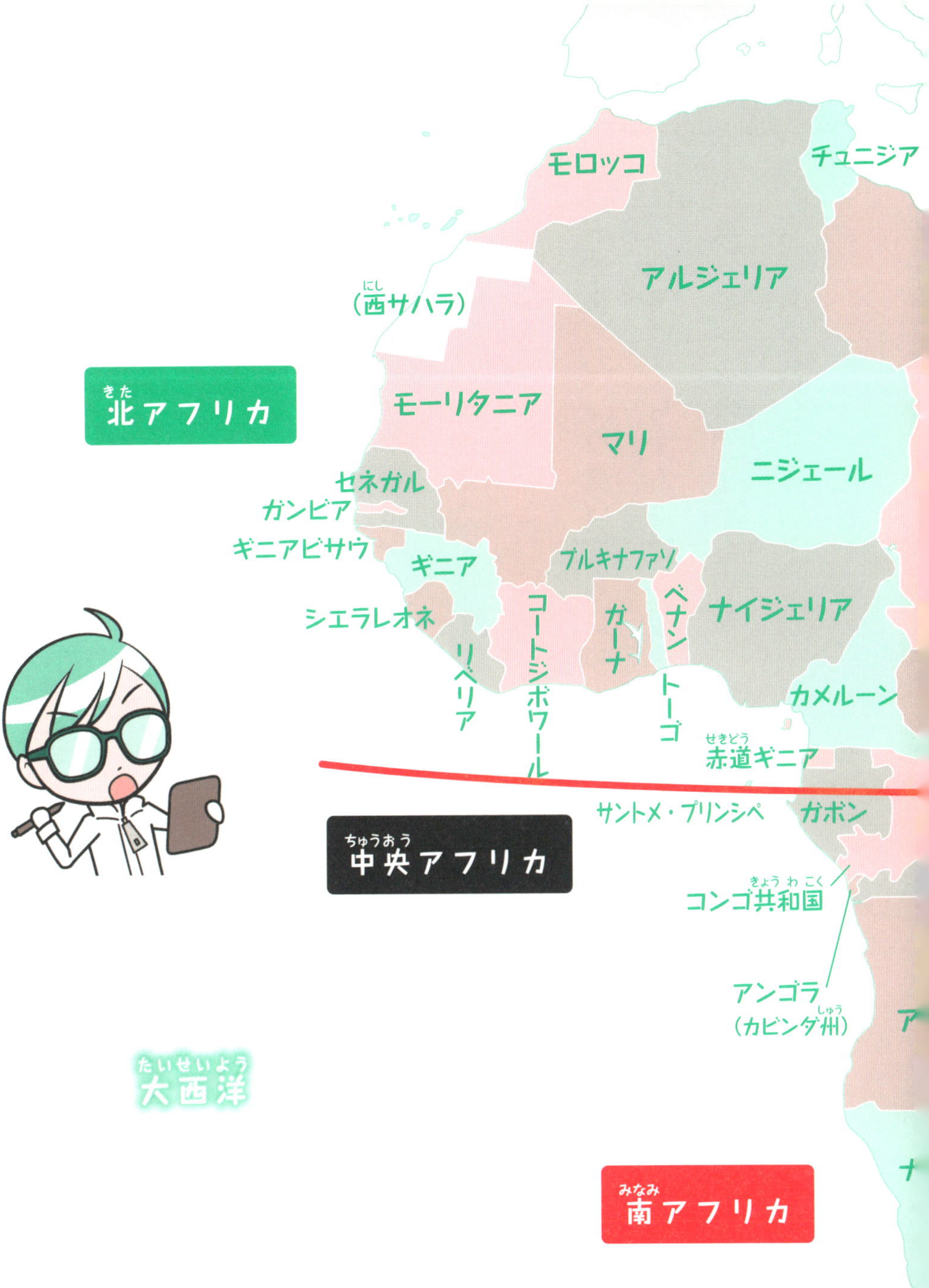

モロッコ
チュニジア
アルジェリア
（西《にし》サハラ）
北《きた》アフリカ
モーリタニア
マリ
ニジェール
セネガル
ガンビア
ギニアビサウ
ギニア
ブルキナファソ
シエラレオネ
リベリア
コートジボワール
ガーナ
ベナン
トーゴ
ナイジェリア
カメルーン
赤道《せきどう》ギニア
サントメ・プリンシペ
ガボン
中央《ちゅうおう》アフリカ
コンゴ共和国《きょうわこく》
アンゴラ
（カビンダ州《しゅう》）
大西洋《たいせいよう》
南《みなみ》アフリカ

【44】

ここが知《し》りたい！世界《せかい》の国々《くにぐに》⑦ 北《きた》アフリカ

砂漠《さばく》での人々《ひとびと》のくらしに注目《ちゅうもく》！

世界最大《せかいさいだい》の砂漠《さばく》、サハラ砂漠《さばく》から北側《きたがわ》の地域《ちいき》を、北《きた》アフリカと呼《よ》ぶの。この地域《ちいき》ではかつて、高度《こうど》な技術《ぎじゅつ》を持《も》つ古代文明《こだいぶんめい》、**エジプト文明《ぶんめい》**が存在《そんざい》していたわ。エジプトの観光《かんこう》スポットでもある、**ピラミッド**や**スフィンクス**は有名《ゆうめい》よね。

砂漠《さばく》にくらす人々《ひとびと》は、昔《むかし》からおこなわれてきた**遊牧《ゆうぼく》**という生活《せいかつ》を送《おく》っているの。らくだや羊《ひつじ》、やぎをつれ、草《くさ》や水《みず》を求《もと》めて砂漠《さばく》のあちこちを移動《いどう》するのよ。

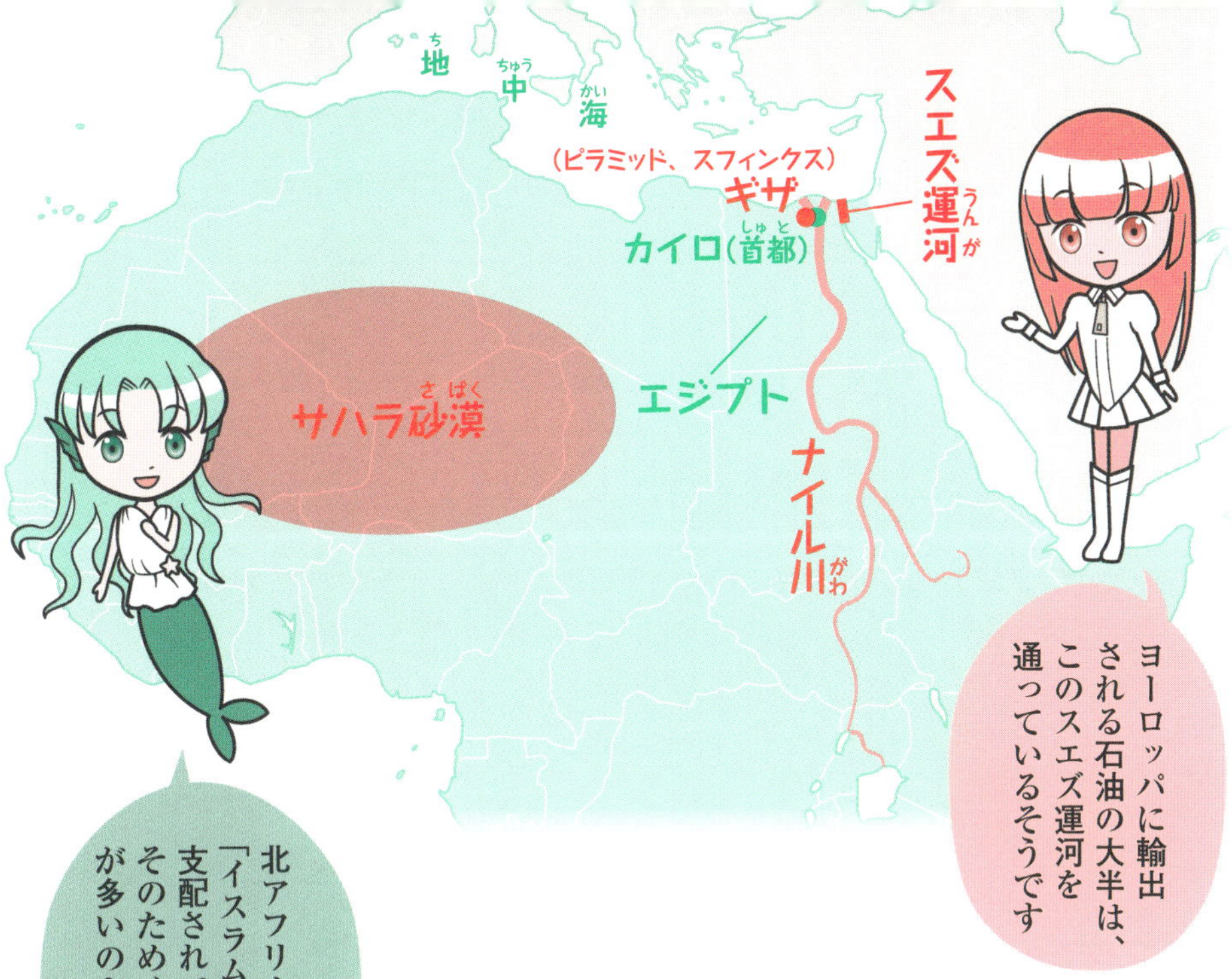
地《ち》中《ちゅう》海《かい》
（ピラミッド、スフィンクス）
ギザ
スエズ運河《うんが》
カイロ（首都《しゅと》）
サハラ砂漠《さばく》
エジプト
ナイル川《がわ》
ヨーロッパに輸出される石油の大半は、このスエズ運河を通っているそうです

北アフリカはかつて「イスラム帝国」に支配されていたのでそのためイスラム教徒が多いのよ

とはいえ、定住《ていじゅう》する人《ひと》がいないわけではないわ。ナイル川《がわ》のような外《がい》来河川《らいかせん》（雨《あめ》の多《おお》い地域《ちいき》に水源《すいげん》があり、砂漠《さばく》をつっきるように流《なが》れる川《かわ》）やオアシスのまわりでは麦《むぎ》やなつめやしを育《そだ》てる**オアシス農業《のうぎょう》**をおこなっているし、地中海沿岸《ちちゅうかいえんがん》では、乾燥《かんそう》や暑《あつ》さに強《つよ》いオリーブやぶどうを育《そだ》てる農業《のうぎょう》がさかんなのよ。

北アフリカはヨーロッパに近いため、貿易により経済的に発展している国も多いそうです

【45】ここが知《し》りたい！世界《せかい》の国々《くにぐに》⑧ 中央《ちゅうおう》・南《みなみ》アフリカ

中央《ちゅうおう》アフリカにあるコンゴ盆地《ぼんち》の周辺《しゅうへん》やギニア湾《わん》の沿岸《えんがん》には、熱《ねっ》帯雨林《たいうりん》が広《ひろ》がっているよ。そこから南《みなみ》へ進《すす》むと、次《つぎ》に見《み》えてくるのは※サバナだね。**豊《ゆた》かな自然《しぜん》の中《なか》でくらす野生動物《やせいどうぶつ》を目玉《めだま》に観光事業《かんこうじぎょう》をおこしている**んだ。また、アフリカ大陸《たいりく》の南《みなみ》には、**ダイヤモンド**、**金《きん》**、**銅《どう》**などの地下資源《ちかしげん》が豊富《ほうふ》な国々《くにぐに》があるよ。

悲《かな》しいことだけれど、この地域《ちいき》では今《いま》も多《おお》くの場所《ばしょ》で、民族同士《みんぞくどうし》の内戦《ないせん》が起《お》こっている。これはヨーロッパの国々《くにぐに》がアフリカ大陸《たいりく》を

ギニア湾《わん》
コンゴ盆地《ぼんち》

自然の中で生きる野生動物を守っていきたいね

植民地《しょくみんち》にするとき、民族《みんぞく》の分布《ぶんぷ》を無視《むし》して国境《こっきょう》を決《き》めてしまったから。多《おお》くの民族《みんぞく》が仲間《なかま》から引《ひ》きさかれ、複数《ふくすう》の民族《みんぞく》と一緒《いっしょ》にくらすこととなったんだ。第二次世界大戦《だいにじせかいたいせん》が終《お》わり、多《おお》くのアフリカの国々《くにぐに》が独立《どくりつ》を果《は》たしたけれど、国境《こっきょう》は植民地時代《しょくみんちじだい》のままだった。かつて住《す》んでいた土地《とち》を取《と》り戻《もど》したい人々《ひとびと》の思《おも》いや、民族同士《みんぞくどうし》の考《かんが》え方《かた》のちがいが、争《あらそ》いを生《う》むんだね。

植民地時代は、アフリカ人を働き手としてアメリカに売る「奴隷貿易」がおこなわれていた

多くの国々が独立した1960年を「アフリカの年」というそうです

※ P29参照。

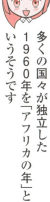

【46】

ここが知《し》りたい！世界《せかい》の国々《くにぐに》⑨ 南《みなみ》アフリカ共和国《きょうわこく》

アパルトヘイトと呼《よ》ばれる差別《さべつ》があったわ

南《みなみ》アフリカ共和国《きょうわこく》は、**金《きん》**と**ダイヤモンド**によって発展《はってん》した、**アフリカ州《しゅう》一《いち》豊《ゆた》かな国《くに》**よ。19世紀《せいき》、ヨハネスブルクという農村《のうそん》で大《おお》きな金鉱《きんこう》が、キンバリーという町《まち》でダイヤモンドがそれぞれ見《み》つかったの。あらゆる国《くに》から富《とみ》を求《もと》める人々《ひとびと》が集《あつ》まり、そこで生活《せいかつ》をしながら金《きん》やダイヤの採掘《さいくつ》をおこなったわ。二《ふた》つの町《まち》は今《いま》や大都市《だいとし》よ。

この国《くに》ではかつて、白人《はくじん》の**黒人《こくじん》に対《たい》する人種差別《じんしゅさべつ》**がおこなわれていたの。1948年《ねん》に作《つく》られた**アパルトヘイト**という制度《せいど》には「白《はく》人《じん》がくらす場所《ばしょ》に黒人《こくじん》が入《はい》ることを禁《きん》じる」「黒人《こくじん》の賃金《ちんぎん》を白人《はくじん》の数十分《すうじゅうぶん》の1とする」など、一方的《いっぽうてき》な決《き》まりがたくさんあったわ。1994年《ねん》に、この制度《せいど》が完全撤廃《かんぜんてっぱい》され、反《はん》アパルトヘイト運動《うんどう》に力《ちから》を尽《つ》くしたネルソン・マンデラが初《はつ》の黒人大統領《こくじんだいとうりょう》となったけれど、差別《さべつ》はまだ、ところどころに残《のこ》っているの。

北アフリカより南の地域には、おもに黒色人種がくらしているんだ

この国では鉄鉱などもとれますが、鉱山の経営や資源の加工は他国の企業がおこなっています。利益がほかの国に流れてしまいますね

西ケープ州という地方はワインの一大産地だ
大規模なブドウ畑が見られるぞ
キンバリーにある「ビッグホール」はダイヤを探すために掘られた穴！
深さはなんと200m
現在は湖のようになっています
プレトリア(首都《しゅと》)
ヨハネスブルク
キンバリー
西《にし》ケープ州《しゅう》

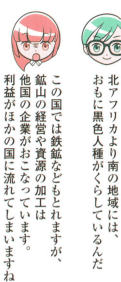

ワールドレポート 6 かいとたまみの

アフリカで生涯《しょうがい》を終《お》えた日本の偉人《いじん》 野口英世《のぐちひでよ》を知《し》る

野口英世《のぐちひでよ》さんって、日本の千円札《せんえんさつ》に肖像画《しょうぞうが》が描《えが》かれている人《ひと》ですよね。お札《さつ》に描《えが》かれるということは、すごい人《ひと》にちがいありません！ 具体的《ぐたいてき》に、どのような功績《こうせき》を残《のこ》された方《かた》なのでしょうか？

野口英世《のぐちひでよ》はお医者様《いしゃさま》よ。

日本だけでなくアメリカでも医学《いがく》を学《まな》び、世界《せかい》で活躍《かつやく》したの。

51歳《さい》という若《わか》さで、自《みずか》らが研究《けんきゅう》していた黄熱病《おうねつびょう》にかかり、西《にし》アフリカのアクラ（現在《げんざい》のガーナ共《きょう》和国《わこく》）で亡《な》くなったわ。

どんな人《ひと》だったのか
くわしく教《おし》えてあげるわね。

野口英世《のぐちひでよ》の生涯《しょうがい》と功績《こうせき》

細菌研究《さいきんけんきゅう》に夢中《むちゅう》になった一生《いっしょう》

野口英世《のぐちひでよ》は1才《さい》で左手《ひだりて》に大《おお》やけどを負《お》い、指《ゆび》が開《ひら》かなくなってしまいました。しかし、手術《しゅじゅつ》のおかげで、左《ひだり》手《て》は回復《かいふく》。この経験《けいけん》から英世《ひでよ》は、自分《じぶん》も医師《いし》になりたいと考《かんが》えるようになりました。初《はじ》めは日本で、次《つぎ》にアメリカで医学《いがく》を学《まな》び、伝染病研究《でんせんびょうけんきゅう》を始《はじ》めます。ノーベル医学賞候補にも3度選ばれました。その後《ご》、アフリカや中南米《ちゅうなんべい》で研究《けんきゅう》を続《つづ》けましたが、自分《じぶん》も黄熱病《おうねつびょう》に感《かん》染《せん》。51歳《さい》で亡《な》くなりました。

年表《ねんぴょう》

1876年《ねん》	福島県《ふくしまけん》に生《う》まれる。(0才《さい》)
1878年《ねん》	いろりに落《お》ち左手《ひだりて》に大《おお》やけどを負《お》う。(1才《さい》)
1892年《ねん》	手術《しゅじゅつ》を受《う》け、左手《ひだりて》が使《つか》えるようになる。(15才《さい》)
1893年《ねん》	高等小学校卒業後《こうとうしょうがっこうそつぎょうご》、会津若松《あいづわかまつ》で薬学生《やくがくせい》になる。(16才《さい》)
1896年《ねん》	東京《とうきょう》で医学《いがく》を学《まな》び始《はじ》める。(19才《さい》)
1897年《ねん》〜1898年《ねん》	いくつかの病院《びょういん》を渡《わた》り歩《ある》き、伝染病研究《でんせんびょうけんきゅう》所《じょ》へ。(21才《さい》)
1900年《ねん》	アメリカで医学《いがく》の研究《けんきゅう》を始《はじ》める。(24才《さい》)
1919年《ねん》〜	黄熱病研究《おうねつびょうけんきゅう》のため中南米《ちゅうなんべい》・アフリカ各地《かくち》へ出向《でむ》く。(43才《さい》)
1928年《ねん》	黄熱病《おうねつびょう》により死去《しきょ》。(51才《さい》)

スクープ！ 野口英世《のぐちひでよ》の意外《いがい》な一面《いちめん》発見《はっけん》!!

まじめで研究熱心《けんきゅうねっしん》なイメージが強《つよ》い
野口英世《のぐちひでよ》だけれど、
実《じつ》は意外《いがい》な顔《かお》がありました。

ライバルはナポレオン!?

あまり眠《ねむ》らないことで有名《ゆうめい》なナポレオン。英世《ひでよ》も同《おな》じように、1日《にち》に3時間《じかん》しか眠《ねむ》らず、研究《けんきゅう》に没頭《ぼっとう》していたそう。「ナポレオンにできたのだから、自分《じぶん》にもできる！」と言《い》い張《は》ったとか……。負《ま》けず嫌《ぎら》いな性格《せいかく》だったのでしょうか。

アーティストにも向《む》いていた？

医師《いし》というと、理系《りけい》で理論派《りろんは》……というイメージがありますが、実《じつ》は英世《ひでよ》は俳句《はいく》や短歌《たんか》、油絵《あぶらえ》なども得意《とくい》だったんだとか。「絶対《ぜったい》に成功《せいこう》するぞ！」という気持《きも》ちがこめられた俳句《はいく》や、失恋相手《しつれんあいて》の女性《じょせい》を思《おも》ってよんだ短歌《たんか》が残《のこ》されています。

遊《あそ》びでお金《かね》を使《つか》い果《は》たす！

東京《とうきょう》に出《で》てきた英世《ひでよ》には、その才能《さいのう》を認《みと》め、学費《がくひ》を出《だ》してくれる人《ひと》が現《あらわ》れました。しかし、都会《とかい》には誘惑《ゆうわく》がたくさん！　夜遊《よあそ》びをしたり、友人《ゆうじん》にお金《かね》をだましとられたりして、あっという間《ま》にお金《かね》を使《つか》い果《は》たしてしまったそう。

小説《しょうせつ》を読《よ》んで改名《かいめい》

英世《ひでよ》はもともと、清作《せいさく》という名前《なまえ》でした。伝染病研究《でんせんびょうけんきゅう》を始《はじ》めた頃《ころ》、彼《かれ》は坪内逍遙《つぼうちしょうよう》の『当世書生気質《とうせいしょせいかたぎ》』という小説《しょうせつ》を読《よ》み、衝撃《しょうげき》を受《う》けます。それは、「野々口精作《ののぐちせいさく》」という医学生《いがくせい》が遊《あそ》んでばかりのダメ人間《にんげん》になる物語《ものがたり》だったのです。「名前《なまえ》も境遇《きょうぐう》も似《に》ている！」とショックを受《う》けた英世《ひでよ》は、すぐに改名《かいめい》の手続《てつづ》きをしたのでした。

人間《にんげん》なんですから、
長所《ちょうしょ》も短所《たんしょ》もあって
当《あ》たり前《まえ》ですよね

1 この人《ひと》はどこの「国《くに》」？

これまで教《おし》えてもらった国《くに》や地域《ちいき》をデータ化《か》して、電子《でんし》キャラクターにしてみたんだ。

でもこれ、誰《だれ》が誰《だれ》だかわかりませんよ…？

★ミッション！

それぞれの人《ひと》の話《はなし》を聞《き》いて、どの国《くに》をデータ化《か》したキャラクターなのか「国《くに》・地域《ちいき》リスト」の中《なか》から選《えら》びましょう。

Aさん

ぼくは乾燥《かんそう》しがちで、いっつも体中《からだじゅう》がカラカラ。でも、寒《さむ》さと暑《あつ》さには強《つよ》いかもしれないね。実《じつ》は、ぼくはけっこう年《とし》をとっているんだ。その分《ぶん》、古《ふる》いもの、神秘的《しんぴてき》な遺産《いさん》は大切《たいせつ》に思《おも》っているんだよ。

Bさん

私《わたし》は算数《さんすう》がとっても得意《とくい》なの。世界《せかい》で働《はたら》くために、英語《えいご》だって力《ちから》を入《い》れてがんばっているのよ。あとは、とある川《かわ》で水浴《みずあ》びをすることが好《す》き。夏《なつ》でも冬《ふゆ》でも関係《かんけい》ないわ。身《み》も心《こころ》もきれいになると信《しん》じているの。

ぼくは体《からだ》がとても大《おお》きい。たくさんのものを中《なか》に入《い》れることができるんだ。昔《むかし》からたくさんの知恵《ちえ》を持《も》っていたから、日本にもいろいろなことを教《おし》えてあげたっけ。最近《さいきん》、少《すこ》しお金持《かねも》ちになってきたかもしれないね。

私《わたし》は昔《むかし》から白《しろ》と黒《くろ》、2つの色《いろ》が好《す》きなの。だけどなぜか、ときどき2つの色《いろ》がケンカしているように見《み》えるのよ。また、私《わたし》はピカピカ光《ひか》る鉱石《こうせき》をたくさん持《も》っているの。体《からだ》に大《おお》きな穴《あな》があいているのも特《とく》ちょうね。

国《くに》・地域《ちいき》リスト

中華人民共和国《ちゅうかじんみんきょうわこく》　朝鮮半島《ちょうせんはんとう》　インド　東南《とうなん》アジア

西《にし》・中央《ちゅうおう》アジア　北《きた》アフリカ　中央《ちゅうおう》・南《みなみ》アフリカ

南《みなみ》アフリカ共和国《きょうわこく》

答《こた》えは136ページに！

2　3たくクイズであみだ迷路《めいろ》！

たまみ、この迷路《めいろ》はいったい……。

クイズと迷路《めいろ》を合体《がったい》したゲームを作《つく》ってみました！
ぜひ遊《あそ》んでください

★ミッション！

とちゅうで出《で》てくるクイズに答《こた》えながら、あみだ迷路《めいろ》をたどってゴールまでたどりつきましょう。

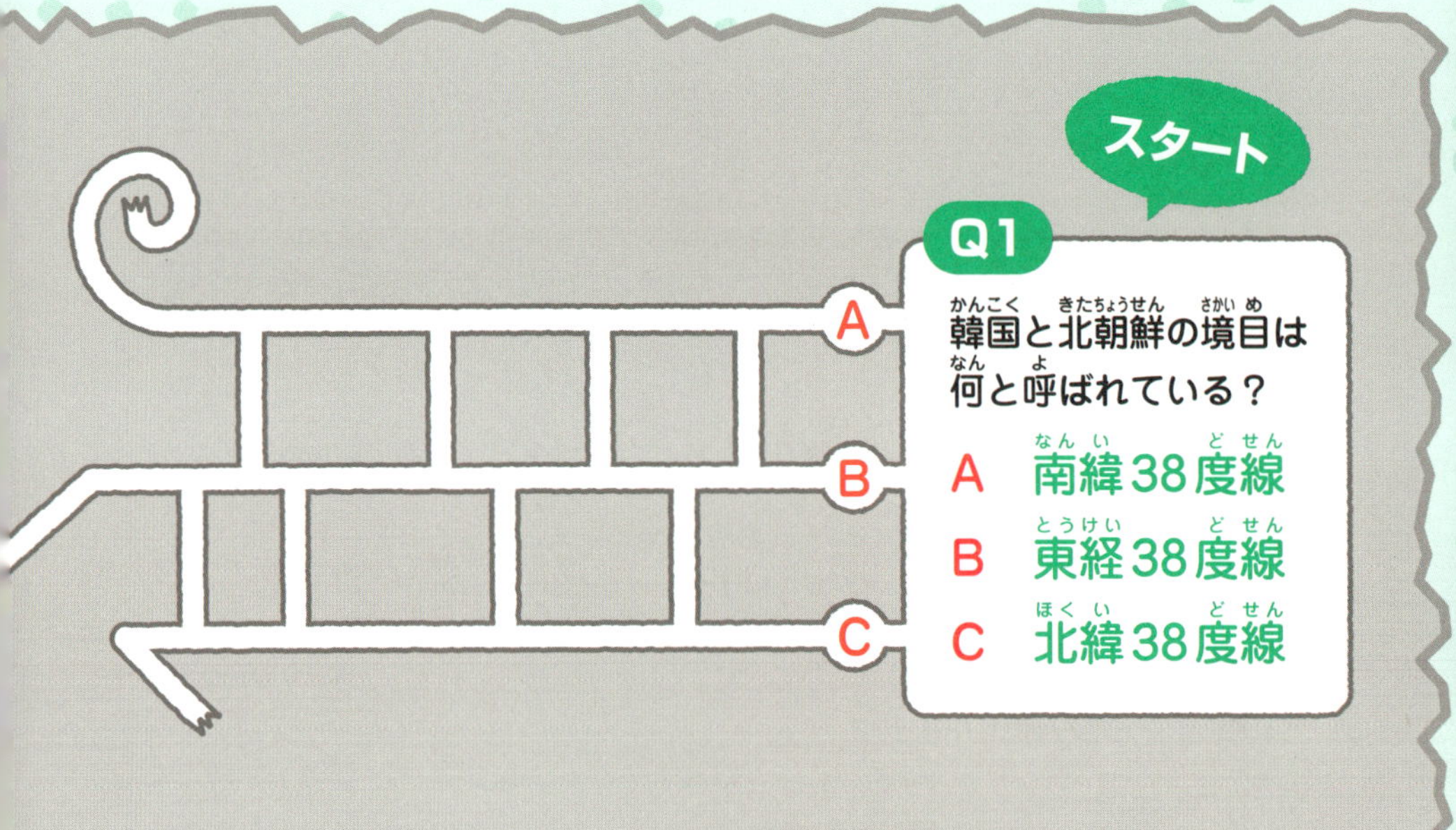

スタート
Q1
韓国《かんこく》と北朝鮮《きたちょうせん》の境目《さかいめ》は何《なん》と呼《よ》ばれている？
A　南緯《なんい》38度線《どせん》
B　東経《とうけい》38度線《どせん》
C　北緯《ほくい》38度線《どせん》
A
B
C

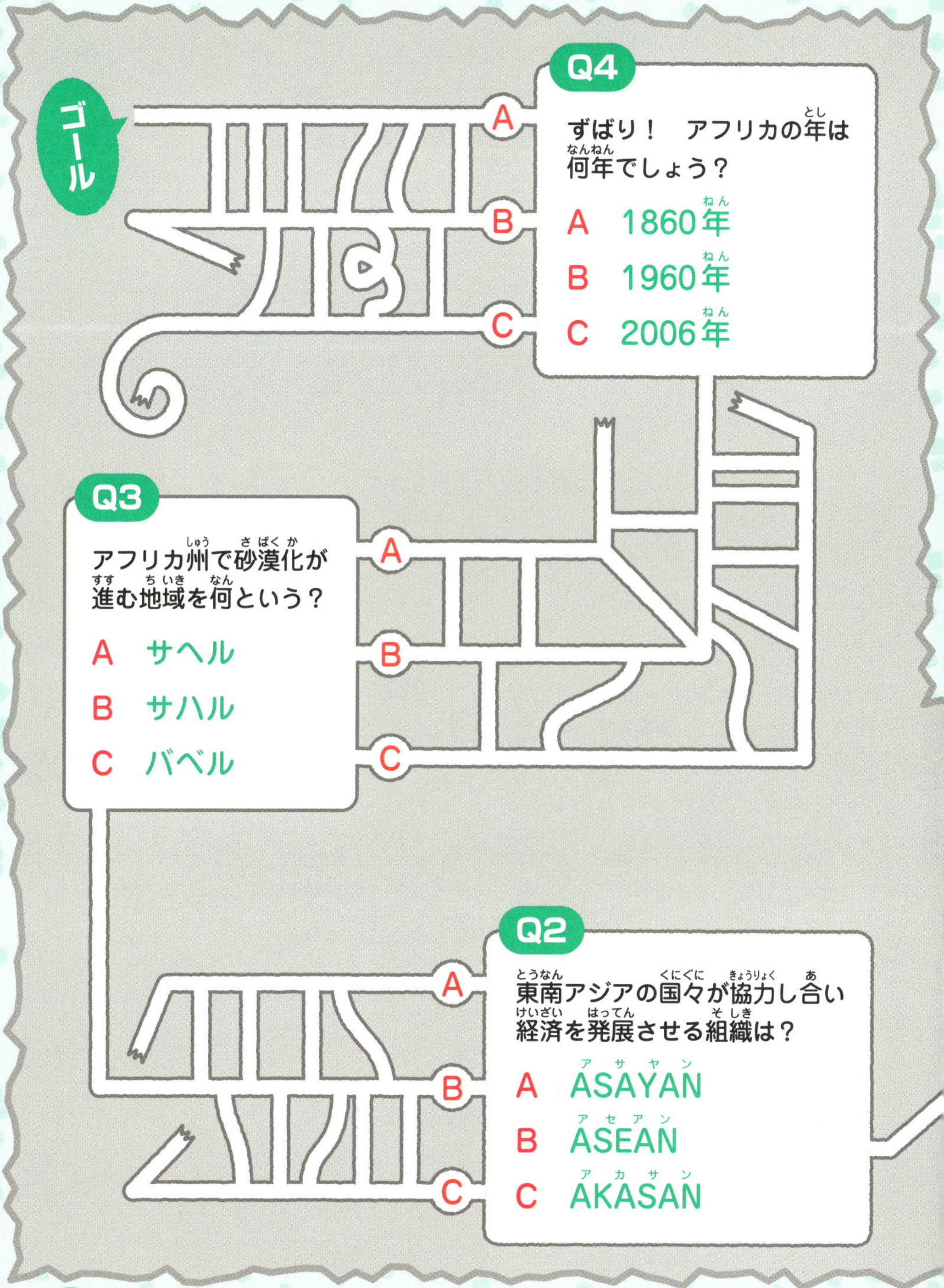

Q4

ずばり！　アフリカの年《とし》は何年《なんねん》でしょう？

A　1860年《ねん》

B　1960年《ねん》

C　2006年《ねん》

Q3

アフリカ州《しゅう》で砂漠化《さばくか》が進《すす》む地域《ちいき》を何《なん》という？

A　サヘル

B　サハル

C　バベル

Q2

東南《とうなん》アジアの国々《くにぐに》が協力《きょうりょく》し合《あ》い経済《けいざい》を発展《はってん》させる組織《そしき》は？

A　ASAYAN《アサヤン》

B　ASEAN《アセアン》

C　AKASAN《アカサン》

答《こた》えは136ページに！

クイズの答《こた》え

1

Aさん…北《きた》アフリカ

砂漠《さばく》が広《ひろ》がる北《きた》アフリカは、いつも乾燥《かんそう》している地域《ちいき》。北《きた》アフリカにあるエジプトには、かつてエジプト文明《ぶんめい》が栄《さか》え、今《いま》でもピラミッドやスフィンクスが残《のこ》っているぞ。

Bさん…インド

インドでは、算数《さんすう》と英語《えいご》の教育《きょういく》に力《ちから》を入《い》れている。世界《せかい》にも誇《ほこ》れるIT《アイティー》技術《ぎじゅつ》で経済発展《けいざいはってん》をとげているぞ。またヒンドゥー教徒《きょうと》は、ガンジス川《がわ》で沐浴《もくよく》をおこなうことで知《し》られている。

Cさん…中華人民共和国《ちゅうかじんみんきょうわこく》

世界《せかい》でもっとも面積《めんせき》が広《ひろ》い国《くに》、中国《ちゅうごく》。人口《じんこう》も世界一《せかいいち》だ。仏教《ぶっきょう》や米《こめ》作《づく》り、漢字《かんじ》を日本に伝《つた》えたことは有名《ゆうめい》だな。経済発展《けいざいはってん》したことで、一部《いちぶ》の地域《ちいき》には高層《こうそう》ビルが立《た》ち並《なら》んでいる。

Dさん…南《みなみ》アフリカ共和国《きょうわこく》

白人《はくじん》と黒人《こくじん》がくらす国《くに》だ。かつての白人《はくじん》による黒人差別《こくじんさべつ》が、現在《げんざい》もところどころに残《のこ》っているぞ。ダイヤモンドや金《きん》が採《と》れる国《くに》としても有名《ゆうめい》だな。穴《あな》はビッグホールのことだろう。

2

Q1 C

Q2 B

Q3 A

Q4 B

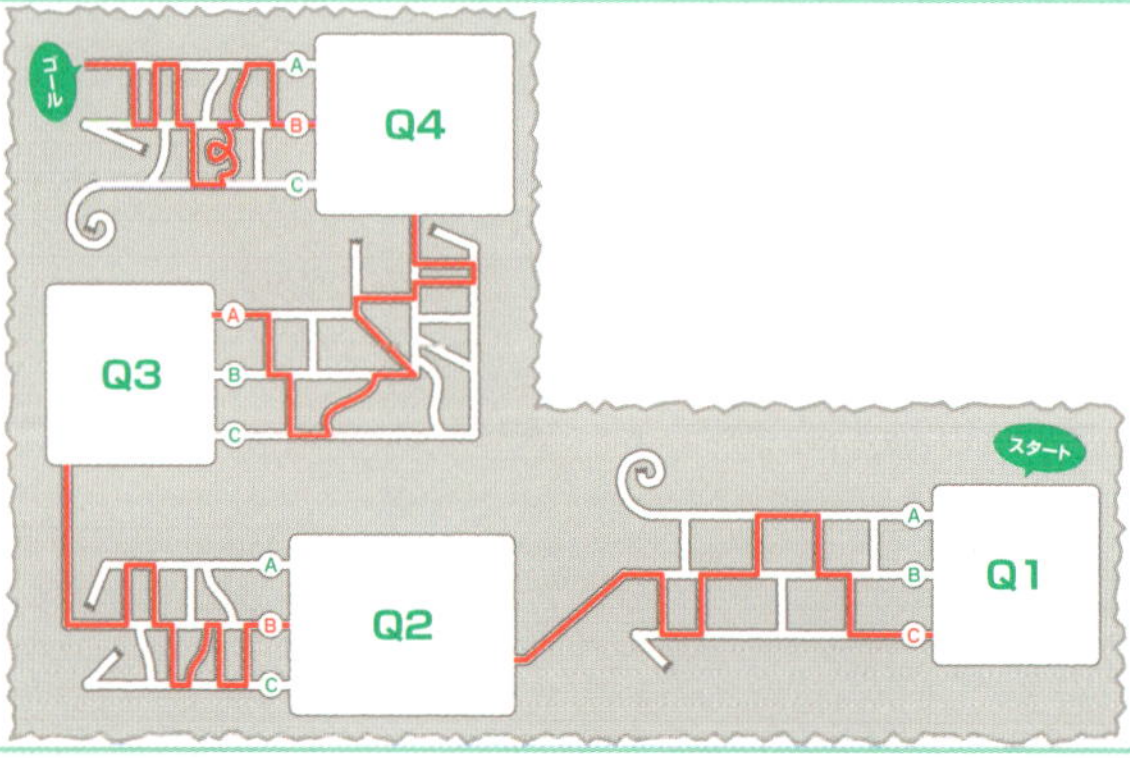

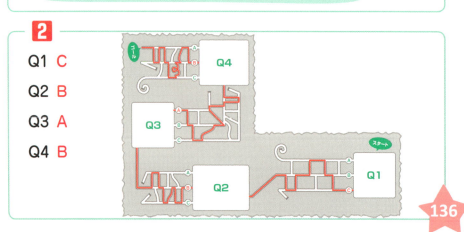

世界《せかい》の国々《くにぐに》について教《おし》えてください！ その2

次《つぎ》は日本から遠《とお》く離《はな》れた国々《くにぐに》の
説明《せつめい》をしましょうか
飛行機《ひこうき》で10時間《じかん》以上《いじょう》かかる国《くに》や
日本の真裏《まうら》にある国《くに》…
あなたは想像《そうぞう》できる？

【47】ヨーロッパ州《しゅう》ってどういうところ？

EU《イーユー》という、国《くに》の集《あつ》まりが存在《そんざい》する

ヨーロッパ州《しゅう》は、ユーラシア大陸《たいりく》の西側《にしがわ》に位置《いち》する州《しゅう》。**40以上《いじょう》の国《くに》があり、その多《おお》くが経済《けいざい》の発展《はってん》している国《くに》（先進国《せんしんこく》）**なんだ。南側《みなみがわ》は、夏《なつ》は乾燥《かんそう》していて冬《ふゆ》は雨《あめ》の日《ひ》が多《おお》い気候《きこう》。北西側《ほくせいがわ》は、一年中《ねんじゅう》、降水量《こうすいりょう》も気温《きおん》も変化《へんか》が少《すく》ない気候《きこう》。同《おな》じ州《しゅう》でも、ずいぶん気候《きこう》がちがうことがわかるよね。

また欠《か》かせないのは、EU《イーユー》の存在《そんざい》。第二次世界大戦後《だいにじせかいたいせんご》、多《おお》くの植民地《しょくみんち》を失《うしな》ったヨーロッパは、世界《せかい》における影響力《えいきょうりょく》や発言力《はつげんりょく》が弱《よわ》まっ

欧州旗

欧州旗の12個の星は、「完璧」「充実」を表しているんだって

てしまった。そこで、アメリカなどの大国《たいこく》と対等《たいとう》に話《はな》し合《あ》えるようになるためにも、ヨーロッパ全体《ぜんたい》で協力《きょうりょく》し合《あ》う必要《ひつよう》があると考《かんが》えたんだ。こうして1993年《ねん》※1に発足《ほっそく》したEU《イーユー》には、現在《げんざい》※2 28か国《こく》が参加《さんか》し、経済《けいざい》や科学《かがく》、資源《しげん》の活用法《かつようほう》など、さまざまな物事《ものごと》の発展《はってん》をめざして活動《かつどう》をおこなっている。加盟国内《かめいこくない》で使《つか》える**共通通貨《きょうつうつうか》・ユーロ**を作《つく》ったことは、大《おお》きな成果《せいか》の一《ひと》つだね。

「得をしないから」などの理由でユーロを導入していない国もあるの

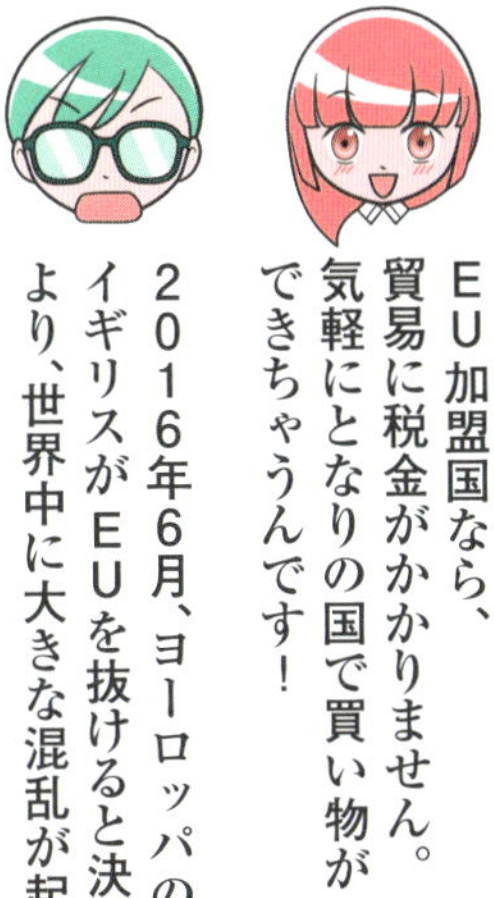
EU加盟国なら、貿易に税金がかかりません。気軽にとなりの国で買い物ができちゃうんです！
2016年6月、ヨーロッパの大国、イギリスがEUを抜けると決めたことにより、世界中に大きな混乱が起きている

※1 1967年、6か国が協力しEC（ヨーロッパ共同体）が発足。その後加盟国が増え、1993年にEUとなった。
※2 2017年3月現在。イギリスはまだ正式に脱退していない。

ヨーロッパ州《しゅう》

アイスランド
アイルランド
イギリス
ノルウェー
スウェーデン
フィンランド
デンマーク
エストニア
ロシア連邦《れんぽう》
ラトビア
リトアニア
オランダ
ルクセンブルク
ベルギー
ドイツ
ポーランド
ベラルーシ
フランス
リヒテンシュタイン
チェコ
ポルトガル
スイス
オーストリア
スロバキア
スペイン
スロベニア
ハンガリー
ウクライナ
クロアチア
イタリア
ボスニア・
ヘルツェゴビナ
セルビア
ルーマニア
モルドバ
モンテネグロ
アルバニア
マケドニア
ブルガリア
ギリシャ
ジョージア
アルメニア
アゼルバイジャン
マルタ

【48】

ここが知《し》りたい！世界《せかい》の国々《くにぐに》⑩ イギリス

4つの個性豊《こせいゆた》かな地方《ちほう》があるわ

正式名称《せいしきめいしょう》は、**グレートブリテン及《およ》び北《きた》アイルランド連合王国《れんごうおうこく》**。その名《な》のとおり、グレートブリテン島《とう》とアイルランド島《とう》の北東部《ほくとうぶ》にある北《きた》アイルランド地方《ちほう》、そのまわりの島々《しまじま》によって成《な》り立《た》っている島国《しまぐに》なの。グレートブリテン島《とう》にある**イングランド**、**ウェールズ**、**スコットランド**という3つの地方《ちほう》と**北《きた》アイルランド地方《ちほう》**、それぞれが独自《どくじ》の文化《ぶんか》を発展《はってん》させてきたから、地方《ちほう》というより「4つの国《くに》がある」という感覚《かんかく》を持《も》つ人《ひと》が多《おお》いみたい。

イギリスは、18世紀《せいき》から19世紀《せいき》にかけて、世界《せかい》で一番早《いちばんはや》く**産業革命**《さんぎょうかくめい》をおこした国《くに》。工場《こうじょう》で機械工業《きかいこうぎょう》を始《はじ》めたり、蒸気機関《じょうききかん》をいち早《はや》く汽車《きしゃ》や船《ふね》に使《つか》ったりして、産業《さんぎょう》を大《おお》きく発展《はってん》させたわ。また、初《はじ》めて近《きん》代的《だいてき》な**議会政治**《ぎかいせいじ》をおこなったのもこの国《くに》よ。国民《こくみん》の代表《だいひょう》を「**議員**《ぎいん》」として集《あつ》めて政治《せいじ》をおこなう、今《いま》では当《あ》たり前《まえ》の方式《ほうしき》も、当時《とうじ》の人々《ひとびと》にとっては画期的《かっきてき》だったの。かつてはオーストラリアやアメリカを植民地《しょくみんち》としていたこともあり、今《いま》でも世界的《せかいてき》な影響力《えいきょうりょく》を持《も》つ国《くに》ね。

アフターヌーン・ティーは
イギリス発祥
紅茶と一緒に軽食、ケーキ
などを食べるの

北《きた》アイルランド
スコットランド
イングランド
ウェールズ
ロンドン
(首都《しゅと》)

現在は北海で石油を採掘したり、
機械や自動車などの工業が
主な産業です

【49】ここが知《し》りたい！世界《せかい》の国々《くにぐに》⑪ フランス

フランスは、ヨーロッパにおいて重要《じゅうよう》な役割《やくわり》を果《は》たしている大農業国《だいのうぎょうこく》。**小麦《こむぎ》の生産量《せいさんりょう》は世界全体《せかいぜんたい》で見《み》てもトップクラス**だ。特《とく》に有名《ゆうめい》な農業地《のうぎょうち》は**パリ盆地《ぼんち》**。**大麦《おおむぎ》やなたね**[※1]**、てんさい**[※2]なども一緒《いっしょ》に栽培《さいばい》されているよ。フランスで作《つく》られた小麦《こむぎ》は、さまざまな国《くに》へ輸出《ゆしゅつ》される。「ヨーロッパ中《じゅう》の食料《しょくりょう》をまかなっている」ことから**EU《イーユー》の穀倉《こくそう》**と呼《よ》ばれているほど！　そのためか、フランス人《じん》には毎日《まいにち》の食事《しょくじ》を大切《たいせつ》にする人《ひと》が多《おお》いんだ。フランス料理《りょうり》は、**世界三大料理《せかいさんだいりょうり》**[※3]**の一《ひと》つ**とい

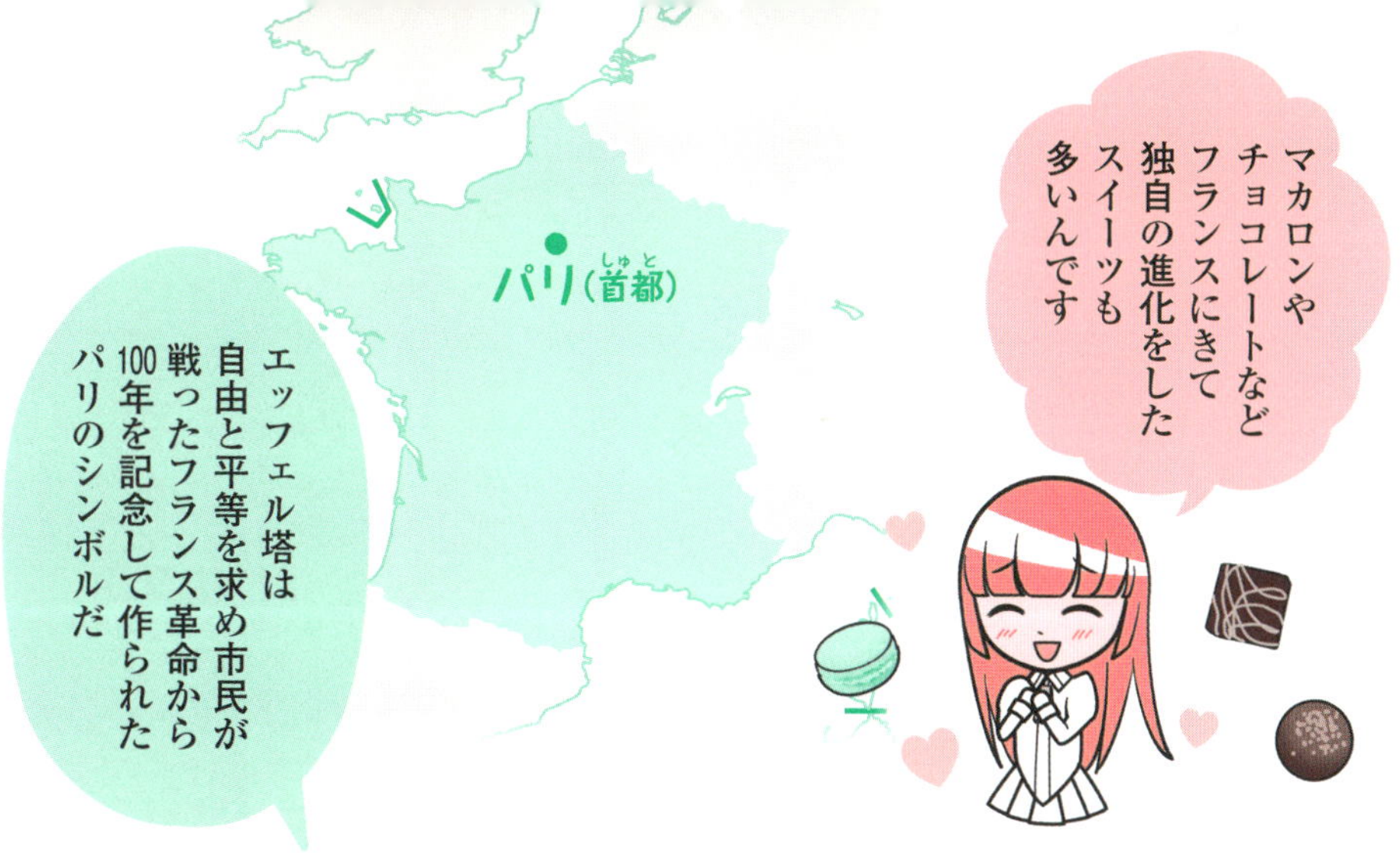
マカロンやチョコレートなどフランスにきて独自の進化をしたスイーツも多いんです
パリ（首都《しゅと》）
エッフェル塔は自由と平等を求め市民が戦ったフランス革命から100年を記念して作られたパリのシンボルだ

われているんだよ。首都《しゅと》であるパリには、世界最大規模《せかいさいだいきぼ》の美術館《びじゅつかん》である**ルーブル美術館《びじゅつかん》**をはじめとして、100近《ちか》くの美術館《びじゅつかん》が密集《みっしゅう》している。ほかにも映画《えいが》や音楽《おんがく》、ファッションなど、あらゆる芸術《げいじゅつ》が集《あつ》まる都市《とし》として有名《ゆうめい》！「芸術《げいじゅつ》の都《みやこ》」「花《はな》のパリ」なんて呼《よ》ばれることもあるくらいなんだ。

フランスは、ヨーロッパで使われている飛行機、通称・エアバスを組み立てている工業国でもあります

フランスでは日本文化が流行中。日本のマンガはそのまま「MANGA」と呼ばれているらしい

※1 別名は菜の花。植物油を作ることができる。　※2 別名は砂糖大根。砂糖を作ることができる。　※3 中国料理、フランス料理、トルコ料理のこと。

【50】

ここが知《し》りたい！世界《せかい》の国々《くにぐに》⑫ ドイツ

エコに力《ちから》を入《い》れる工業国《こうぎょうこく》よ

第二次世界大戦後《だいにじせかいたいせんご》、ドイツはソ連《れん》（現在《げんざい》のロシア）が占領《せんりょう》する**東《ひがし》ドイツ**と、アメリカ・イギリス・フランスが占領《せんりょう》する**西《にし》ドイツ**に分《わ》かれていたの。１９８９年《ねん》、分裂《ぶんれつ》の象徴《しょうちょう》だった**ベルリンの壁《かべ》**が市民《しみん》によって壊《こわ》され、翌年《よくとし》ドイツは再《ふたた》び一《ひと》つの国《くに》となったわ。

現在《げんざい》、ドイツは世界《せかい》でも**トップクラスの工業大国《こうぎょうたいこく》**よ。19世紀末《せいきまつ》、近《ちか》くで石炭《せきたん》がとれたライン川《がわ》などの河川《かせん》のまわりには、たくさんの工《こう》

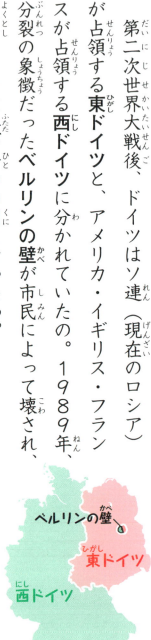

場《じょう》が集《あつ》まってきたわ。川《かわ》を輸送経路《ゆそうけいろ》として使《つか》おうと考《かんが》えたのね。そのおかげで、ドイツでは重化学工業《じゅうかがくこうぎょう》が発展《はってん》したの。戦争《せんそう》によって打撃《だげき》を受《う》けた時期《じき》もあったけれど、戦後《せんご》は**自動車《じどうしゃ》など機械工業《きかいこうぎょう》**で再成長《さいせいちょう》。多《おお》くの外国人労働者《がいこくじんろうどうしゃ》を受《う》け入《い》れるまでになったのよ。

ドイツは工業国《こうぎょうこく》であると同時《どうじ》に、環境保護《かんきょうほご》に力《ちから》を入《い》れる**エコロジー先進国《せんしんこく》**でもあるの。リサイクルや節電《せつでん》、節水《せっすい》を呼《よ》びかけたり、都市《とし》に公園《こうえん》を作《つく》ったりしているのよ。

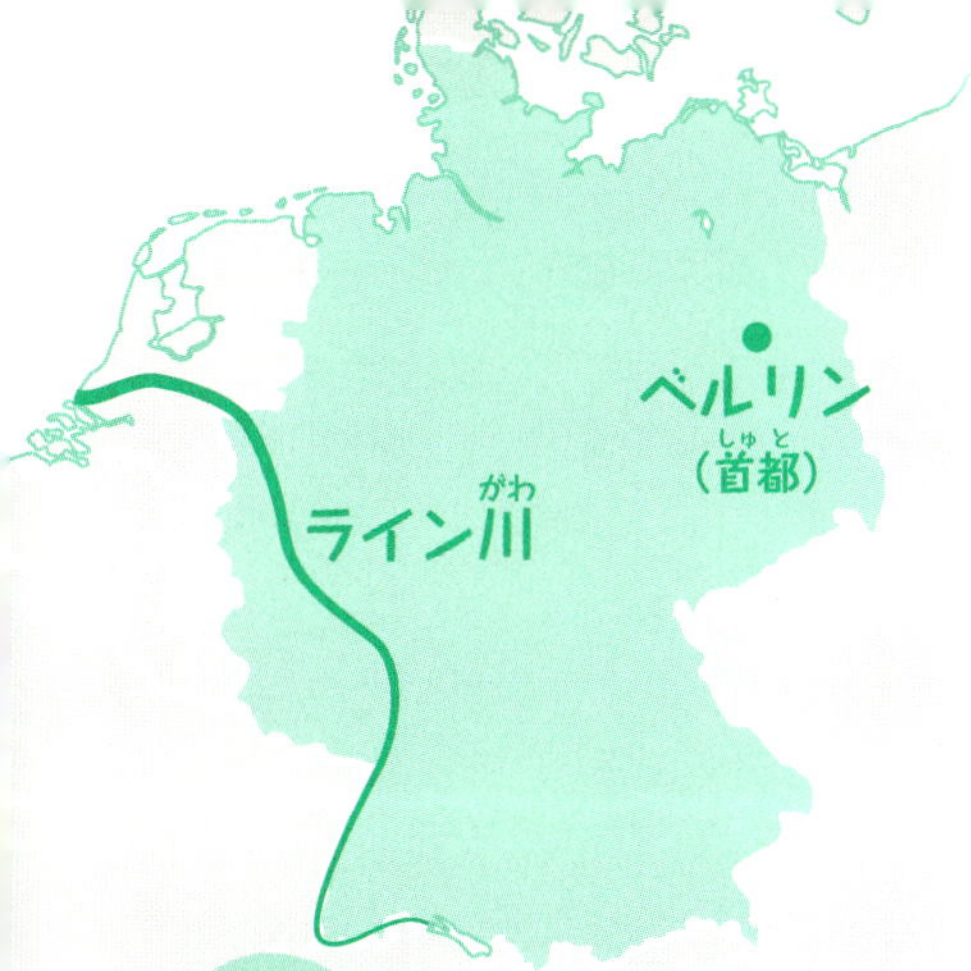
ベルリン
（首都《しゅと》）
ライン川《がわ》

ベンツ、ポルシェ、BMWなどの高級車がドイツで作られている

2011年に起きた福島原発の事故を受け、ドイツは原発事業からの撤退を表明しました

第二次世界大戦前まで、日本人はドイツ語で医学を学んでいたらしい。「ギプス」「カルテ」はドイツ語だそうだ

【51】

ここが知《し》りたい！世界《せかい》の国々《くにぐに》⑬ イタリア

パスタとデザインで有名《ゆうめい》な国《くに》！

イタリアは、日本と同《おな》じように火山《かざん》の噴火《ふんか》や地震《じしん》が多《おお》い国《くに》なの。約《やく》2000年前《ねんまえ》に起《お》きたヴェスビオ火山《かざん》の大噴火《だいふんか》は、ポンペイという古代都市《こだいとし》をまるごとほろぼしてしまったほど被害《ひがい》が大《おお》きかったわ。

地中海沿岸《ちちゅうかいえんがん》では、**オレンジ**や**レモン**、**ぶどう**、**オリーブ**などを栽《さい》培《ばい》する農業《のうぎょう》がさかん。また、現在《げんざい》は輸入《ゆにゅう》にたよっている部分《ぶぶん》が大《おお》きいけれど、かつては、乾燥《かんそう》パスタの原料《げんりょう》である**デュラム小麦《こむぎ》**がたくさんとれたの。だからイタリアは現在《げんざい》でも、**パスタの消費量《しょうひりょう》が世界《せかい》**

一《いち》なのよ。
イタリアは**デザイン先進国《せんしんこく》**としても有名《ゆうめい》な国《くに》。車《くるま》や家具《かぐ》、ファッションなど、個性的《こせいてき》なデザインを次々《つぎつぎ》と生《う》み出《だ》し、流行《りゅうこう》の発信地《はっしんち》となっているわ。ミラノ・コレクションはパリ・コレクションと並《なら》ぶ大《おお》きなファッションのお祭《まつ》りよ！　大量《たいりょう》生産品《せいさんひん》だけでなく、職人《しょくにん》の手作業《てさぎょう》による伝統工芸品《でんとうこうげいひん》が多《おお》いのも特《とく》ちょうね。

ヴェネツィア
バチカン（国）
ローマ（首都《しゅと》）
ヴェスビオ火山《かざん》
ポンペイ

ヴェネツィアは町中に運河（船が行き来する人工的な川）が走る水上都市！

ローマにあるフォロ・ロマーノはかつて地中海沿岸全域に広がっていたローマ帝国の遺跡だよ

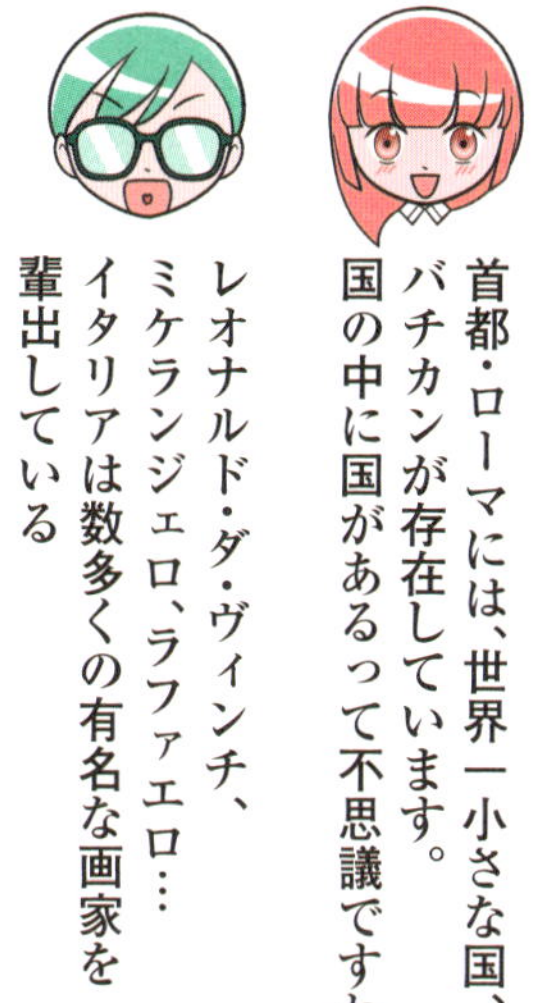
首都・ローマには、世界一小さな国、バチカンが存在しています。国の中に国があるって不思議ですね！
レオナルド・ダ・ヴィンチ、ミケランジェロ、ラファエロ…イタリアは数多くの有名な画家を輩出している

【52】

ここが知《し》りたい！世界《せかい》の国々《くにぐに》⑭ ロシア

ヨーロッパとアジアにまたがる広大《こうだい》な国《くに》

ロシアはヨーロッパ州《しゅう》とアジア州《しゅう》にまたがる、**世界一広《せかいいちひろ》い国《くに》**だよ。**広大《こうだい》な**土地《とち》でとれる**石油《せきゆ》**や**鉄鉱石《てっこうせき》**、**天然《てんねん》ガス**などの**輸出《ゆしゅつ》**によって、経《けい》済成長《ざいせいちょう》をとげたんだ。国全体《くにぜんたい》が寒《さむ》く、太陽《たいよう》の出《で》ている時間《じかん》も短《みじか》いけれど、首都《しゅと》モスクワでは**混合農業《こんごうのうぎょう》**※1が、南部《なんぶ》では**小麦《こむぎ》などの栽培《さいばい》**がさかん。一方《いっぽう》、ウラル山脈《さんみゃく》の東《ひがし》に広《ひろ》がるシベリアは、一年《いちねん》のほとんどが凍《こお》りつくほど寒《さむ》くなる地域《ちいき》。**タイガ**※2や**ツンドラ**※3が広《ひろ》がっていて、農《のう》業《ぎょう》には向《む》かない土壌《どじょう》なんだ。そのかわり、極東《きょくとう》ではサケやニシンを

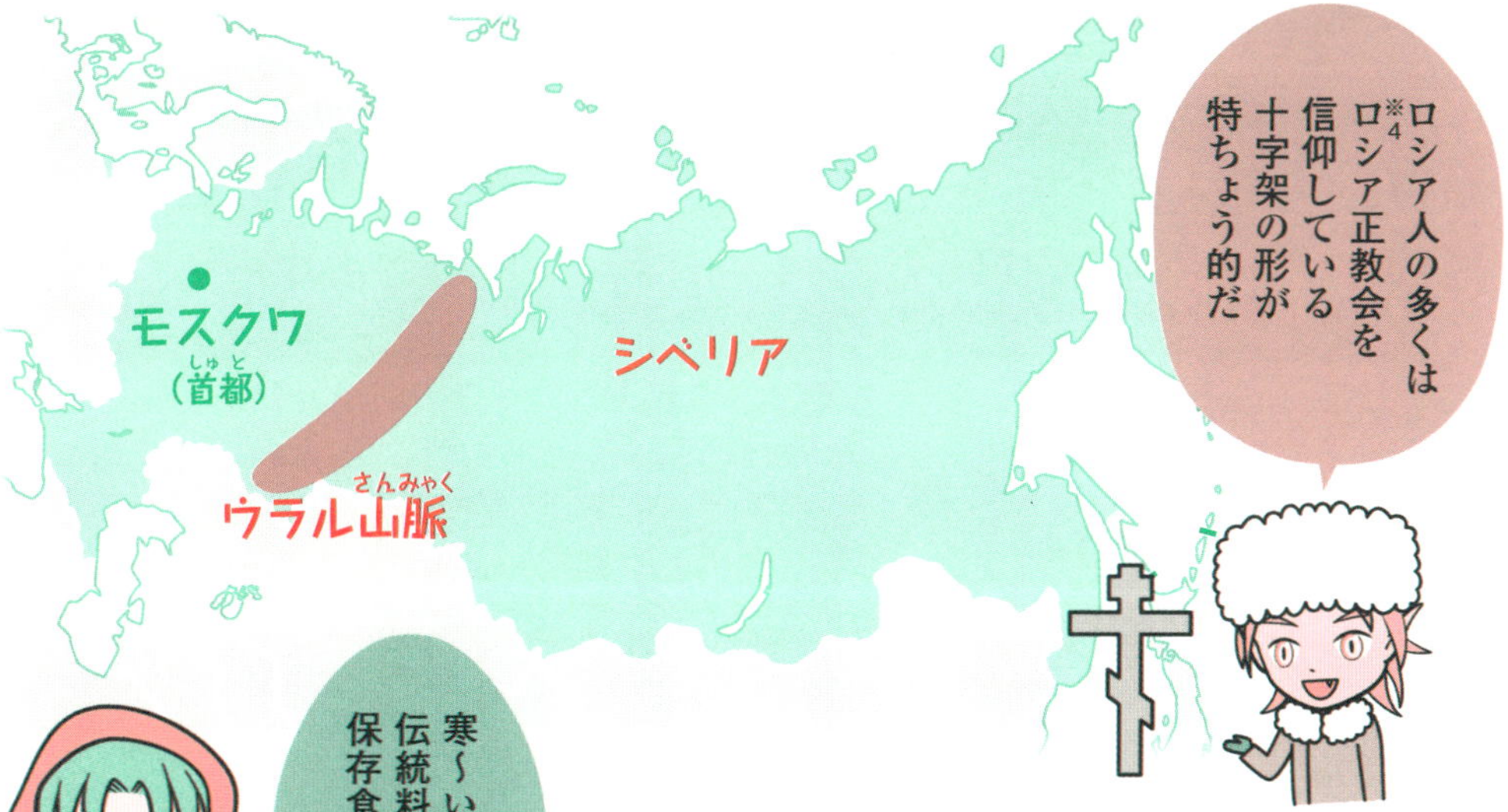

モスクワ
（首都《しゅと》）
ウラル山脈《さんみゃく》
シベリア
ロシア人の多くは
ロシア正教会※4を
信仰している
十字架の形が
特ちょう的だ

寒～いロシアの
伝統料理といえば
保存食や煮込み料理よ
ビーフ
ストロガノフ

とる漁業《ぎょぎょう》や林業《りんぎょう》がおこなわれているよ。

1922年《ねん》、ロシアは4つの国《くに》と一緒《いっしょ》に**社会《しゃかい》主義国《しゅぎこく》・ソビエト社会主義共和国連邦《しゃかいしゅぎきょうわこくれんぽう》（ソ連《れん》）**を立《た》ち上《あ》げたんだ（最終的《さいしゅうてき》に14か国《こく》に）。けれど社会主義《しゃかいしゅぎ》の「すべての人間《にんげん》が平等《びょうどう》な生活《せいかつ》をする」という考《かんが》え方《かた》により、工場《こうじょう》や農場《のうじょう》を国《くに》に管理《かんり》されることとなった国民《こくみん》たちの不満《ふまん》が爆発《ばくはつ》。

1991年《ねん》にソ連《れん》は解体《かいたい》され、国《くに》は再度独立《さいどどくりつ》。大部分《だいぶぶん》がロシアに引《ひ》き継《つ》がれたよ。

すべての人が平等…
一見いい考え方に思えるけれど、
逆に生活が苦しくなった人も
いるんだな

※1 家畜の飼育と、穀物の栽培をいっしょにおこなう農業のこと。
※2 P30参照。　※3 P31参照。　※4 キリスト教の一宗派。

ゆっくり楽《たの》しく食《た》べるのがポイント！
ヨーロッパのコース料理《りょうり》

イタリアのコース料理《りょうり》

コースのはじめのほうで、パスタやリゾットなどの炭水化物《たんすいかぶつ》が出《で》てくるのが特《とく》ちょう！

イタリアやフランスでは、料理《りょうり》が1皿《さら》ずつ運《はこ》ばれてくる「コース料理《りょうり》」が有名《ゆうめい》。かつて、フランスの料理人《りょうりにん》が極寒《ごっかん》のロシアで料理《りょうり》を作《つく》ることになったとき、料理《りょうり》が冷《さ》めないよう、1皿《さら》ずつ運《はこ》んだのが始《はじ》まりなんだって。ここではイタリアとフランス、それぞれのフルコースを見《み》てみよう！

スタート

1 アンティパスト（前菜《ぜんさい》）

野菜《やさい》やサラミ、生《なま》ハム、サーモンなどを使《つか》った軽《かる》めの料理《りょうり》。冷《さ》めてもおいしく食《た》べられるものが多《おお》い。

2 プリモ・ピアット（第《だい》1の皿《さら》）

パスタやリゾットなどの炭水化物《たんすいかぶつ》かスープ。イタリアでは炭水化物《たんすいかぶつ》を「スープ感覚《かんかく》」で食《た》べることが多《おお》いんだとか……！

3 セコンド・ピアット（第《だい》2の皿《さら》）

待《ま》ってました！のメイン料理《りょうり》。肉料理《にくりょうり》か魚料理《さかなりょうり》のどちらかを選《えら》ぶか、はたまた両方《りょうほう》を注文《ちゅうもん》することも！

4 コントルノ（野菜《やさい》の付《つ》け合《あ》わせ）

イタリア料理《りょうり》はメインに野菜《やさい》がついていないことが多《おお》いので、ここで温野菜《おんやさい》などが出《だ》されます。省略《しょうりゃく》することも多《おお》いそう。

5 ドルチェ（デザート）

ケーキやジェラート、果物《くだもの》などが出《で》てきます。一緒《いっしょ》に濃《こ》くて量《りょう》が少《すく》ないコーヒー、エスプレッソを飲《の》むことも。

ゴール！

フランスのコース料理《りょうり》

とにかく量《りょう》が多《おお》いフランス料理《りょうり》のフルコース。おなかいっぱいになりそう！

スタート

1 アミューズブーシュ（小前菜《しょうぜんさい》）

お酒《さけ》などと一緒《いっしょ》に楽《たの》しむ、ひと口《くち》で食《た》べられる前菜《ぜんさい》。ひと口《くち》しかないからこそ、味《あじ》の強《つよ》いものが選《えら》ばれるそう。

2 アントレ（前菜《ぜんさい》）

フランス語《ご》で「入《い》り口《ぐち》」を意味《いみ》する言葉《ことば》が語源《ごげん》。メインのことを考《かんが》え、量《りょう》は少《すく》なめ。冷《つめ》たいものと温《あたた》かいものがあります。

3 ポタージュ（スープ）

フランスではスープをまとめて「ポタージュ」と呼《よ》びます。ポタージュの「ポ」は「鍋《なべ》」という意味《いみ》！

4 ポワソン（メイン1）

メインの魚料理《さかなりょうり》。エビやカニもポワソンに含《ふく》まれます。フランスでは高級《こうきゅう》食材《しょくざい》とされているカエルもポワソンの一《ひと》つ……！

5 ソルベ（グラニデ）

魚《さかな》と肉《にく》、味《あじ》がちがうものを食《た》べる前《まえ》に、口直《くちなお》しのために出《で》てくるシャーベットのようなもの。ひと口《くち》サイズ。

6 ヴィアンド（メイン2）

メインの肉料理《にくりょうり》。日本でもおなじみの牛《うし》、豚《ぶた》、鶏肉《とりにく》はもちろん、シカやヒツジもおいしく食《た》べます！

7 フロマージュ（チーズ）

ここからは、部屋《へや》を移動《いどう》して食《た》べることも。二日《ふつか》酔《よ》いを予防《よぼう》する効果《こうか》があるので、お酒《さけ》を飲《の》んだ人《ひと》にはうれしい。

8 デセール（デザート）

デセールの前《まえ》に「アヴァンデセール」という、「メインのデザートの前《まえ》の小《ちい》さいデザート」が出《で》ることも。カフェオレなどと一緒《いっしょ》に楽《たの》しみます。

ゴール！

フルコースは、料理《りょうり》そのものを楽《たの》しむのはもちろんだけれど、1皿《さら》ずつゆっくり出《で》てくるから、その間《あいだ》に家族《かぞく》や友《とも》だちとの会話《かいわ》をじっくり楽《たの》しめるという効果《こうか》もあるのよ！

【53】

北《きた》アメリカ州《しゅう》ってどういうところ？

寒帯《かんたい》から熱帯《ねったい》まで、さまざまな気候帯《きこうたい》が広《ひろ》がる場所《ばしょ》よ

北極海《ほっきょくかい》から赤道付近《せきどうふきん》にまで広《ひろ》がる北《きた》アメリカ州《しゅう》には、地域《ちいき》によってさまざまな気候帯《きこうたい》が見《み》られるわ。北極海《ほっきょくかい》に面《めん》する北部《ほくぶ》は冷帯《れいたい》・寒帯《かんたい》に属《ぞく》する地域《ちいき》。冬《ふゆ》になると雪《ゆき》がたくさん降《ふ》り、氷点下《ひょうてんか》30℃を下回《したまわ》ることも！　南部《なんぶ》のフロリダ半島《はんとう》やメキシコのユカタン半島《はんとう》、西《にし》インド諸島《しょとう》は熱帯《ねったい》に属《ぞく》していて、一年中暖《いちねんじゅうあたた》かいリゾート地《ち》にもなっているわ。東部《とうぶ》はくらしやすい温帯《おんたい》だけれど、西部《せいぶ》はアメリカ合衆国《がっしゅうこく》からメキシコにかけて砂漠《さばく》が広《ひろ》がる乾燥帯《かんそうたい》。夏《なつ》は50℃をこえる暑《あつ》さ

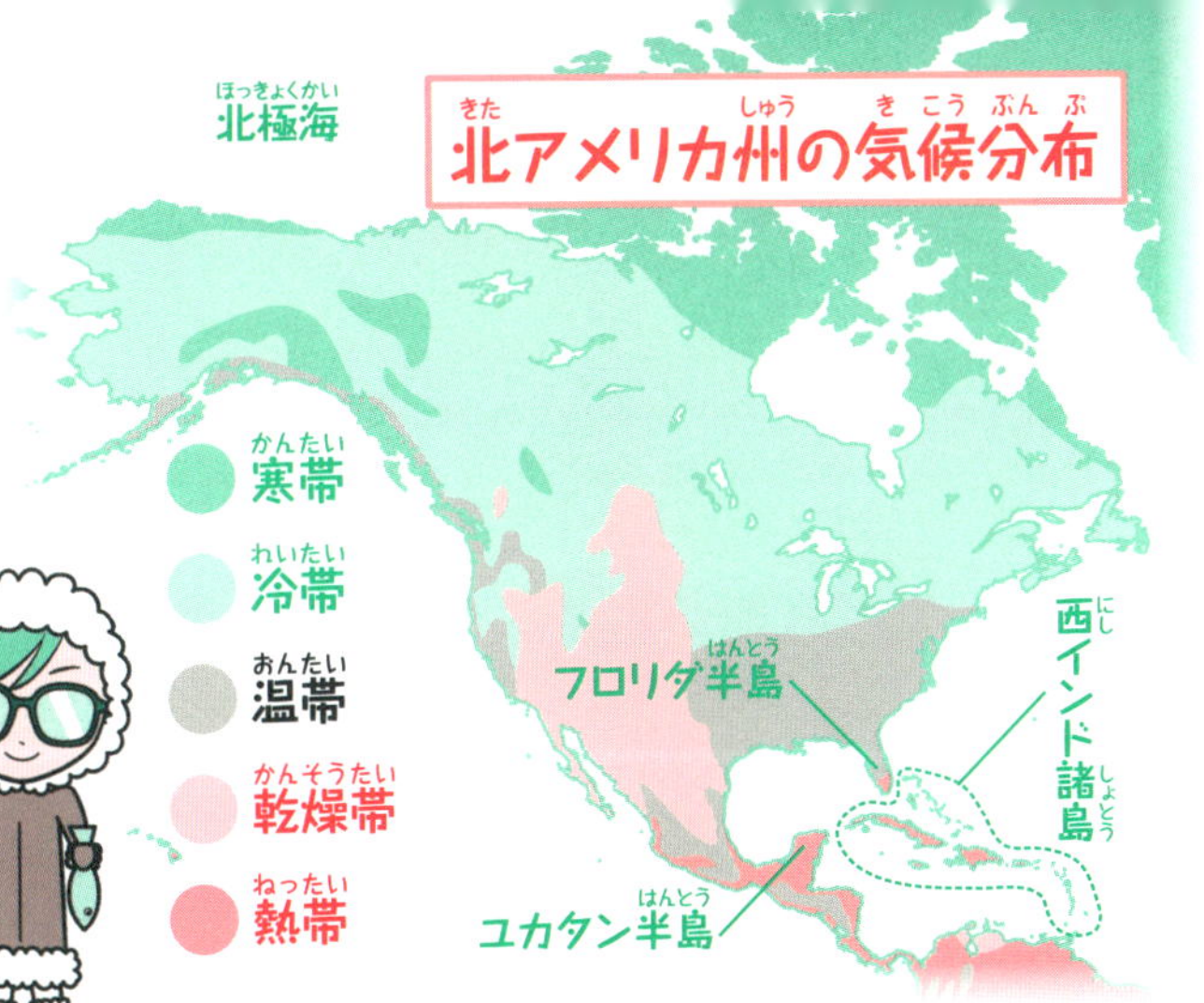
北《きた》アメリカ州《しゅう》の気候分布《きこうぶんぷ》
北極海《ほっきょくかい》
寒帯《かんたい》
冷帯《れいたい》
温帯《おんたい》
乾燥帯《かんそうたい》
熱帯《ねったい》
フロリダ半島《はんとう》
西《にし》インド諸島《しょとう》
ユカタン半島《はんとう》

イヌイットも
ネイティブアメリカンも
狩猟民族！
獲物を求めて
移動しながら
くらしていたんだ

になることから、デスヴァレー（死《し》の谷《たに》）なんて呼《よ》ばれているの。

北《きた》アメリカ州《しゅう》にはもともと、**イヌイット**や**ネイティブアメリカン**と呼《よ》ばれる先住民《せんじゅうみん》たちがくらしていたわ。ところが17世紀《せいき》、イギリス人《じん》が大西洋沿岸《たいせいようえんがん》に、フランス人《じん》がカナダのケベックにやってきて、それぞれの地域《ちいき》を植民地化《しょくみんちか》したの。開拓《かいたく》が進《すす》むごとに移民《いみん》の数《かず》は増《ふ》え、反対《はんたい》に先住民《せんじゅうみん》※たちは特定《とくてい》の地域《ちいき》に追《お》いやられていったのよ。

緯度の高い北部では、
オーロラも見られるそうだ

※ 現在、イヌイットは北アメリカ州の北西はしに位置するアラスカに、ネイティブアメリカンはそれぞれの町で居留地を作り、独自の社会でくらしている（移民文化に溶けこんでくらす先住民もいる）

北《きた》アメリカ州《しゅう》

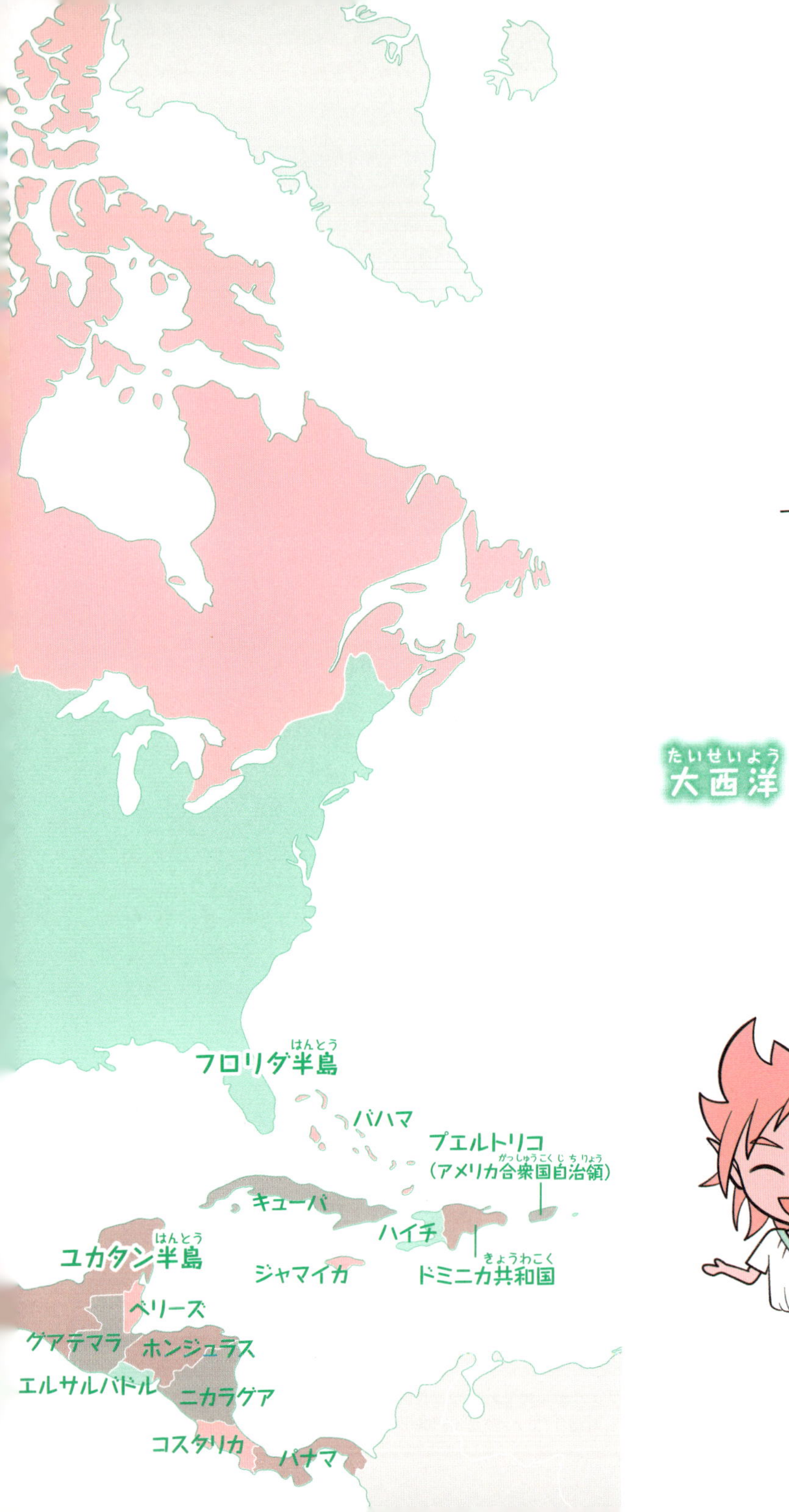

北極海《ほっきょくかい》
アメリカ合衆国《がっしゅうこく》
カナダ
太平洋《たいへいよう》
アメリカ合衆国《がっしゅうこく》
メキシコ

【54】

ここが知《し》りたい！世界《せかい》の国々《くにぐに》⑮ アメリカ合衆国《がっしゅうこく》

世界《せかい》をリードする巨大《きょだい》な力《ちから》を持《も》つ国《くに》なんだ

１７７６年《ねん》、**イギリスからの独立《どくりつ》**を宣言《せんげん》し、国家《こっか》となったアメリカ合衆国《がっしゅうこく》。ヨーロッパやアジアからの移民《いみん》や、奴隷《どれい》として連《つ》れてこられたアフリカの人々《ひとびと》の子孫《しそん》、先住民《せんじゅうみん》など、さまざまな民族《みんぞく》が一緒《いっしょ》にくらす**多民族国家《たみんぞくこっか》**なんだ。人《ひと》の数《かず》が多《おお》い分《ぶん》、人種差別《じんしゅさべつ》や経済的《けいざいてき》な格差《かくさ》など、問題《もんだい》も多《おお》いんだよ。

アメリカ合衆国《がっしゅうこく》は現在《げんざい》、農業《のうぎょう》、工業《こうぎょう》、経済《けいざい》、文化《ぶんか》など、あらゆる分野《ぶんや》で世界中《せかいじゅう》に進出《しんしゅつ》している国《くに》だ。広々《ひろびろ》とした土地《とち》で育《そだ》った小麦《こむぎ》や

マクドナルドやコカ・コーラって知ってる？どちらも、もとはアメリカ生まれよ
シリコンバレー
ワシントンD.C.
（首都《しゅと》）
シリコンバレーでは世界的に有名なＩＴ企業が多数生まれている

とうもろこし、大豆《だいず》、綿花《めんか》などは、あらゆる国《くに》に輸出《ゆしゅつ》されているし、鉄鉱石《てっこうせき》や石炭《せきたん》、石《せき》油《ゆ》などの資源《しげん》にも恵《めぐ》まれているから、工業《こうぎょう》も世界《せかい》のトップレベルにまで発達《はったつ》した。航《こう》空機《くうき》やロケット、コンピューターなど最先《さいせん》端《たん》の科学技術《かがくぎじゅつ》も、他国《たこく》から頭一《あたまひと》つ抜《ぬ》きん出《で》ているんだ。日本にとっても**最大級《さいだいきゅう》の貿易《ぼうえき》相手国《あいてこく》**だよ。

日本とアメリカの工業レベルは同じくらい。そのため、機械や自動車の輸入を制限する貿易摩擦が起こることも…

アメリカの経済がかたむくと、世界中の経済が危機におちいる。それくらい経済的にも影響力を持っているんだ

【55】

ここが知《し》りたい！世界《せかい》の国々《くにぐに》⑯ カナダ

英語《えいご》とフランス語《ご》の両方《りょうほう》が使《つか》われているわ

アメリカ合衆国《がっしゅうこく》の北《きた》に位置《いち》し、**世界《せかい》2位《い》の広《ひろ》い国土《こくど》を持《も》っている**カナダ。そのほとんどが冷帯《れいたい》・寒帯《かんたい》に属《ぞく》しているから、人口《じんこう》はアメリカの9分《ぶん》の1程度《ていど》なの。特《とく》ちょうは、**英語《えいご》とフランス語《ご》の両方《りょうほう》が公用語《こうようご》**として定《さだ》められていること！　標識《ひょうしき》や公立《こうりつ》の場所《ばしょ》での案内表示《あんないひょうじ》などは、必《かなら》ず二《ふた》つの言葉《ことば》で書《か》かれているのよ。ただ、実際《じっさい》にフランス語《ご》が話《はな》されているのはケベック州《しゅう》くらいで、ほとんどの州《しゅう》では英語《えいご》が使《つか》われているの。初《はじ》めてケベックに上陸《じょうりく》し、植民地化《しょくみんちか》した国《くに》

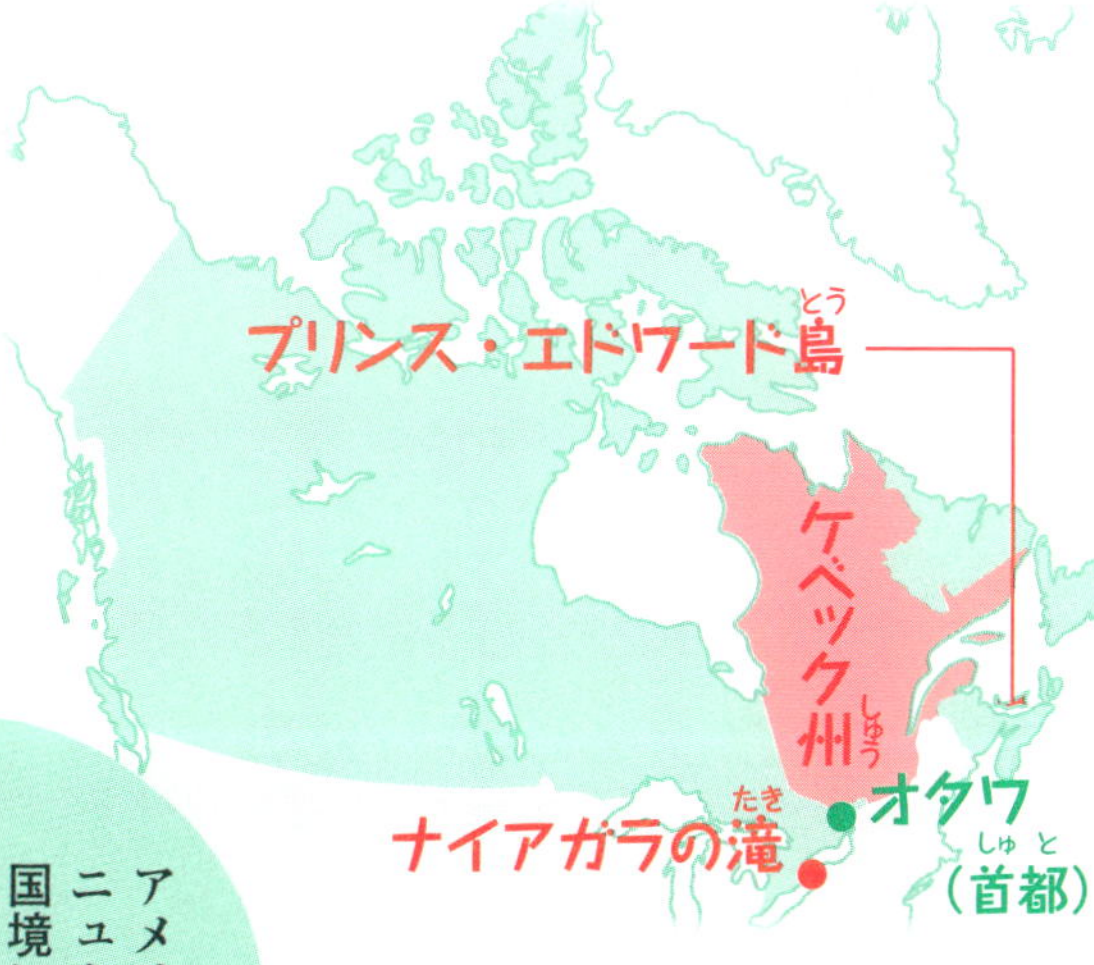
プリンス・エドワード島《とう》
ケベック州《しゅう》
オタワ
（首都《しゅと》）
ナイアガラの滝《たき》

プリンス・エドワード島は地球で有名な小説『赤毛のアン』の舞台・アボンリーのモデルなんです！

アメリカ・ニューヨーク州との国境には3つの大きな滝がありすべてまとめて「ナイアガラの滝」と呼ばれている

がフランスだったことが影響《えいきょう》しているのね。
カナダは森林《しんりん》が多《おお》い国《くに》。南部《なんぶ》には蜜《みつ》がメープルシロップになることでおなじみの**サトウカエデ**の森林《しんりん》が、北部《ほくぶ》には**タイガ**※が広《ひろ》がっているのよ。タイガの針葉樹《しんようじゅ》は、木《もく》材《ざい》や紙《かみ》の原料《げんりょう》となるパルプとなって、アメリカや日本をはじめとするさまざまな国《くに》に輸出《ゆしゅつ》されているわ。

カナダは木材だけでなく、原油などの地下資源も豊富な国です

アメリカとの国境はかなり開放的らしい。カナダでとれた小麦をアメリカから輸出することもあるみたいだな

※ P30参照。

かいととたまみの ワールドレポート 8

家《いえ》でも育《そだ》つ、あの植物《しょくぶつ》
意外《いがい》と知《し》らない!? サボテンの実態《じったい》

砂漠《さばく》のように乾《かわ》いた場所《ばしょ》では、植物《しょくぶつ》は育《そだ》たないのでしょうか。
そんなことないわよ。砂漠《さばく》でも育《そだ》つ有名《ゆうめい》な植物《しょくぶつ》に「サボテン」というものがあるわ。
水《みず》がなくても育《そだ》つのか？ 砂漠《さばく》でしか育《そだ》たない、特別《とくべつ》な植物《しょくぶつ》なんだろうか。
いや、種類《しゅるい》によってはふつうの家《いえ》でも育《そだ》てられる、一般的《いっぱんてき》な植物《しょくぶつ》だよ。でも、特別《とくべつ》な能力《のうりょく》を持《も》っているのは確《たし》かだね。サボテンのこと、もっと教《おし》えてあげようか？

これが北《きた》アメリカの砂漠《さばく》で育《そだ》つサボテン、ベンケイチュウ（和名《わめい》）だ！

花《はな》が咲《さ》くまで35年《ねん》!?

ゆっくり成長《せいちょう》するベンケイチュウは、花《はな》が咲《さ》くまでにも時間《じかん》がかかります。その期間《きかん》、約《やく》35年《ねん》！ しかも、花《はな》はおよそ1日《にち》で枯《か》れてしまうんだとか。この1日《にち》で受粉《じゅふん》ができれば、実《み》もなります。

鳥《とり》のマンションに大変身《だいへんしん》

キツツキが木《き》に穴《あな》を開《あ》けて巣《す》を作《つく》るように、ベンケイチュウも砂漠《さばく》のキツツキ・サバクシマセゲラによって巣《す》として使《つか》われます。まるでマンションのように多《おお》くの鳥《とり》が集《あつ》まります。

1回《かい》の雨《あめ》で、1年分《ねんぶん》の水《みず》を蓄《たくわ》える

ベンケイチュウが生《は》えているアリゾナ（アメリカ合衆国《がっしゅうこく》）からメキシコにかけて広《ひろ》がるソノラ砂漠《さばく》では、夏《なつ》の間《あいだ》だけ大量《たいりょう》の雨《あめ》が降《ふ》ります。ベンケイチュウはそのときをのがさず、水分《すいぶん》をためこむのです。

世界最大級《せかいさいだいきゅう》の大《おお》きさ

ベンケイチュウは10～15ｍほどの大《おお》きさになりますが、成長《せいちょう》が遅《おそ》く、1年間《ねんかん》に0.6cmほどしかのびません。150年《ねん》から200年《ねん》という時間《じかん》をかけて、ゆっくり育《そだ》っていくのです。

いくつ知《し》ってる？　サボテン豆知識《まめちしき》

ここでは、意外《いがい》と知《し》られていないサボテンの豆知識《まめちしき》や、ベンケイチュウ以外《いがい》の特色《とくしょく》あるサボテンを紹介《しょうかい》しちゃうよ！　さて、きみが知《し》っているものはあるかな？

ドラゴンフルーツはサボテンの果実《かじつ》だった！

真《ま》っ赤《か》な皮《かわ》に、黒《くろ》いつぶつぶの混《ま》じった白《しろ》い中身《なかみ》を持《も》つドラゴンフルーツ。実《じつ》はサボテンの果実《かじつ》（ピタヤ）なんです！　「ヒモサボテン属《ぞく》」という名前《なまえ》のとおり、くき（トゲのある緑《みどり》の部分《ぶぶん》）が平《ひら》たいひものように垂《た》れ下《さ》がっているのが特《とく》ちょう。

サボテンは夜《よる》に二酸化炭素《にさんかたんそ》を吸《す》いこむ！

ふつうの植物《しょくぶつ》は、昼《ひる》に「気孔《きこう》」という穴《あな》を開《ひら》き、光合成《こうごうせい》をします。しかし、砂漠《さばく》は、日差《ひざ》しが強《つよ》すぎて、気孔《きこう》から貴重《きちょう》な水分《すいぶん》が蒸発《じょうはつ》してしまうのです。そこでサボテンは、夜《よる》に気孔《きこう》を開《ひら》き、二酸化炭素《にさんかたんそ》をためます。このとき、二酸化炭素《にさんかたんそ》を体内《たいない》の物質《ぶっしつ》と合体《がったい》させ、リンゴ酸《さん》に変化《へんか》させます。そして昼《ひる》、光《ひかり》を浴《あ》びたサボテンは、ためておいたリンゴ酸《さん》から二酸化《にさんか》炭素《たんそ》を取《と》り出《だ》し、光合成《こうごうせい》をするのです。

サボテンをステーキにして食《た》べる国《くに》がある！

ウチワサボテンという、くきが平《ひら》たい形《かたち》をしたサボテンがあります。アメリカやメキシコでは、このくきを食《た》べるのです！　太《ふと》いトゲをすべて抜《ぬ》き、残《のこ》った細《こま》かいトゲも削《けず》り落《お》とせば、焼《や》いてステーキにしたり、煮《に》こみ料理《りょうり》にして食《た》べられます。味《あじ》は、メロンのような風味《ふうみ》なんだとか……。日本でも栽培《さいばい》されているので「食用《しょくよう》」であることを確認《かくにん》してチャレンジしてみては？

サボテンの語源《ごげん》は「せっけん」!?

サボテンを日本に持《も》ちこんだのは、スペインやポルトガルの人々《ひとびと》。彼《かれ》らはサボテンの樹液《じゅえき》をしぼり、手《て》を洗《あら》うときに使《つか》っていたのです。これを見《み》た日本人《じん》は、サボテンを「せっけんのようなもの」という意味《いみ》で「石鹸体（さぼんてい）」と呼《よ》び始《はじ》めました（※）。現在《げんざい》もサボテンを「シャボテン」と呼《よ》ぶことがあります。

※ ほかの説《せつ》もあります。

サボテンではじめて手《て》を洗《あら》った人《ひと》、チャレンジャーよね…
ドラゴンフルーツのドラゴンはぼくたちが名前《なまえ》の由来《ゆらい》！

【56】南《みなみ》アメリカ州《しゅう》ってどういうところ？

日本の真裏《まうら》に位置《いち》する地域《ちいき》なんだ

南《みなみ》アメリカ州《しゅう》は、日本のちょうど真《ま》裏《うら》にあたる地域《ちいき》だよ。赤道付近《せきどうふきん》にある**アマゾン川《がわ》**のまわりには熱帯《ねったい》が広《ひろ》がっていて、そこから南《みなみ》へ**セルバ**※1**（熱帯雨林《ねったいうりん》）**、**サバナ**※2、**草原《そうげん》**と、気候《きこう》やはえている植物《しょくぶつ》がどんどん変《か》わっていくんだ。

南《みなみ》アメリカ州《しゅう》にはかつて、アンデス※3

南《みなみ》アメリカ州《しゅう》の気候分布《きこうぶんぷ》

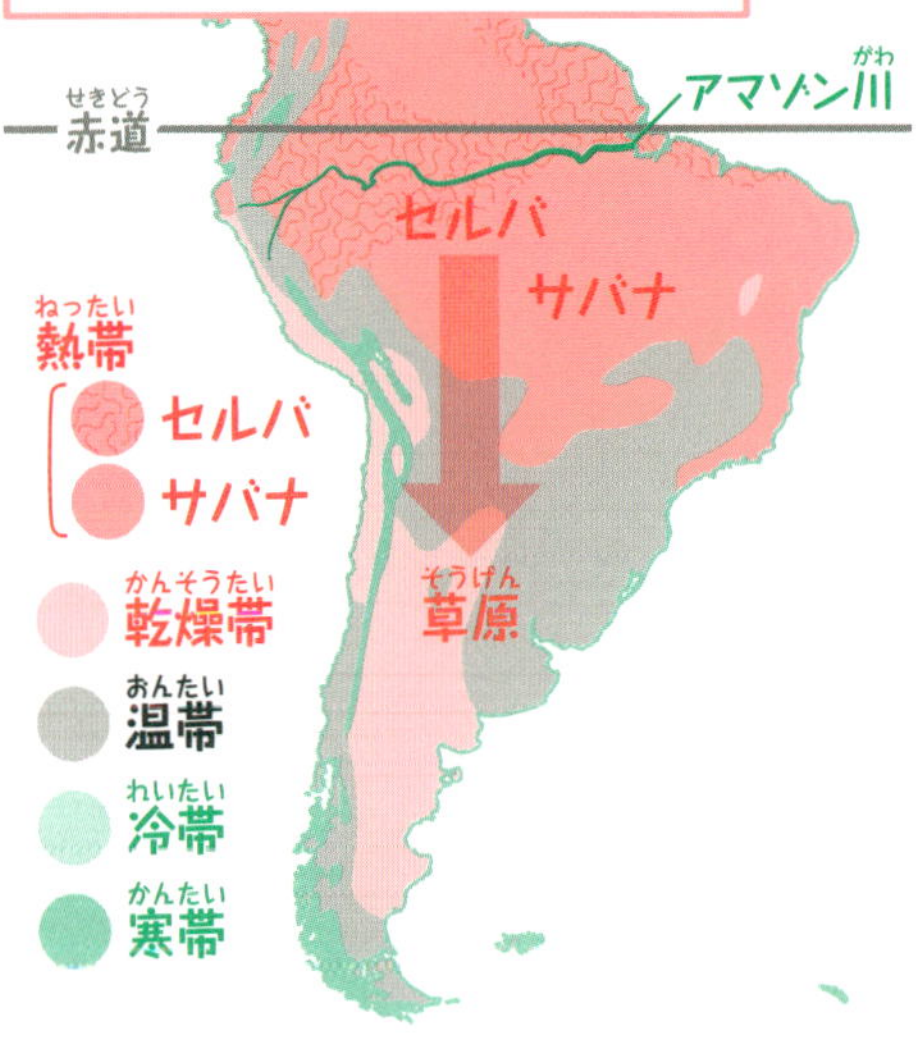
アマゾン川《がわ》
赤道《せきどう》
セルバ
サバナ
草原《そうげん》
熱帯《ねったい》
セルバ
サバナ
乾燥帯《かんそうたい》
温帯《おんたい》
冷帯《れいたい》
寒帯《かんたい》

文明《ぶんめい》という、先住民《せんじゅうみん》による高度《こうど》な文明《ぶんめい》が築《きず》かれていた。けれど16世紀《せいき》に入《はい》った頃《ころ》、とつぜんやってきたスペイン人《じん》やポルトガル人《じん》の手《て》によって、これらの国《くに》はほろぼされ、植民地《しょくみんち》にされてしまったんだ。その後《ご》、19世紀《せいき》にはインド人《じん》、20世紀《せいき》には日本人《じん》が移民《いみん》として出稼《でかせ》ぎにやってきて、この土地《とち》にはさまざまな人種《じんしゅ》や民族《みんぞく》が入《い》り交《ま》じることとなった。今《いま》でもいろいろな国《くに》の文化《ぶんか》や風習《ふうしゅう》が残《のこ》っているんだよ。

アンデス文明が栄えるなかで、最後に生まれた国がインカ帝国石による高度な建築技術や独自の道路網を持っていたのよ
アンデス文明には文字がなかったため絵や物をもとに当時の研究をおこなっているそうです

※1 スペイン語・ポルトガル語で熱帯雨林を「セルバ」と呼ぶ。
※2 P29参照。 ※3 南アメリカで生まれた文明をまとめてこう呼ぶ。

南《みなみ》アメリカ州《しゅう》

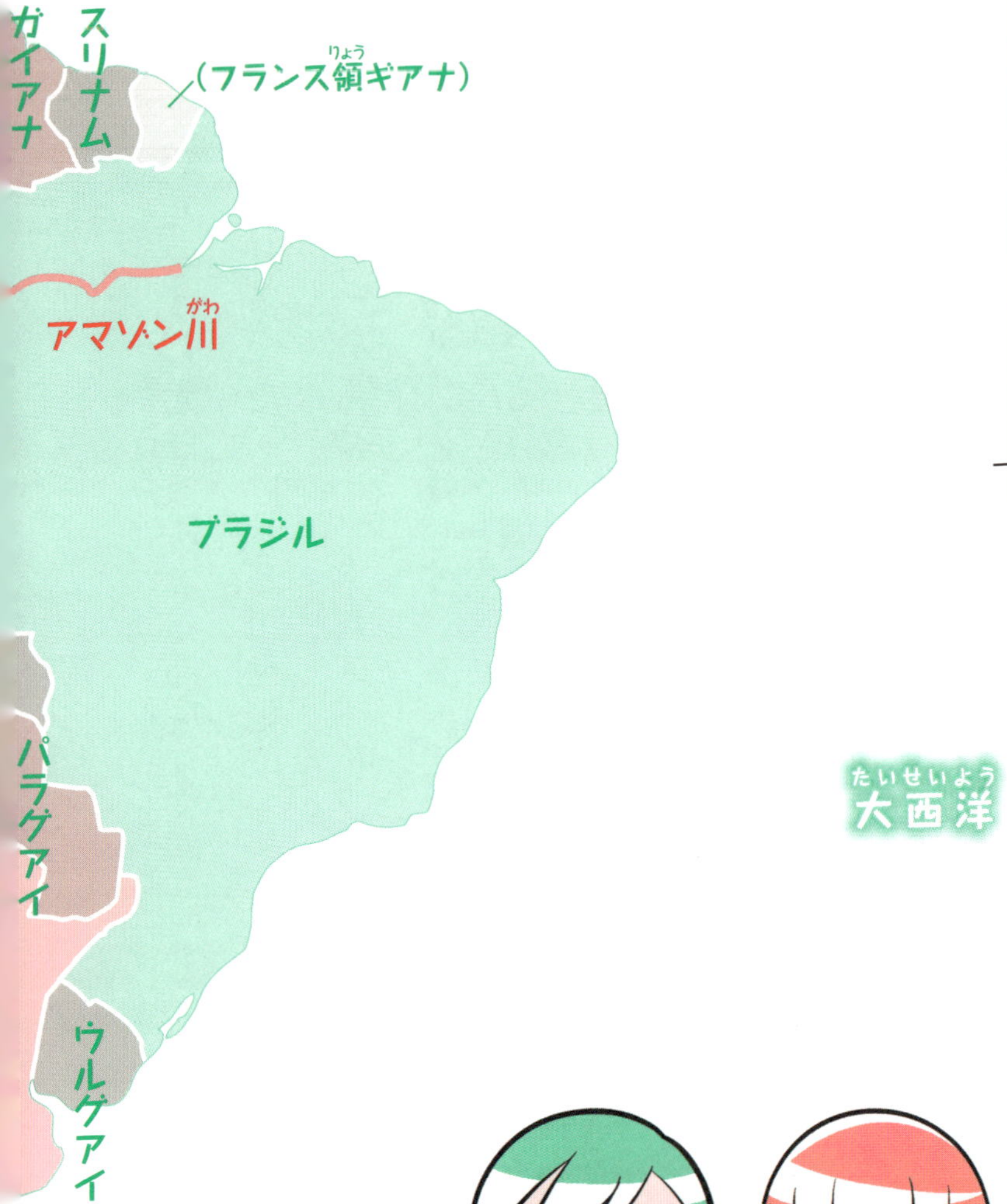
ガイアナ
スリナム
(フランス領《りょう》ギアナ)
アマゾン川《がわ》
ブラジル
パラグアイ
ウルグアイ
大西洋《たいせいよう》

ベネズエラ
コロンビア
エクアドル
ペルー
ボリビア
アンデス文明《ぶんめい》
太平洋《たいへいよう》
チリ
アルゼンチン

【57】

ここが知《し》りたい！世界《せかい》の国々《くにぐに》⑰ ブラジル

移民《いみん》によって作《つく》られた文化《ぶんか》が特《とく》ちょう！

ブラジルは**コーヒーの生産量《せいさんりょう》が世界一《せかいいち》の国《くに》**。理由《りゆう》の一《ひと》つとして、20世紀《せいき》の初《はじ》めに移《うつ》り住《す》んできた日本人《じん》が、厳《きび》しい労働環境《ろうどうかんきょう》のもとで必《ひっ》死《し》に働《はたら》き、農園《のうえん》を大《おお》きくしたこともあげられるわ。

日本人以外《じんいがい》にも、ブラジルには多《おお》くの民族《みんぞく》が移《うつ》り住《す》み、それぞれの文化《ぶんか》を残《のこ》していったの。たとえば南《みなみ》アメリカ最大《さいだい》のお祭《まつ》りである**リオデジャネイロのカーニバル**は、ポルトガル人《じん》によって伝《つた》えられたキリスト教《きょう》のお祝《いわ》いごとが、アフリカ系移民《けいいみん》のお祭《まつ》りや踊《おど》りと結《むす》びつき、発展《はってん》していったもの。今《いま》や南《みなみ》アメリカを代表《だいひょう》するスポーツとなったサッカーも、**もともとはイギリス生《う》まれ。**ヨーロッパ移民《いみん》によって伝《つた》えられ、広《ひろ》まっていったのよ。

近年《きんねん》、ブラジルでは**さとうきびを使《つか》ったバイオ燃料《ねんりょう》**※1の生産《せいさん》がさかん！ また、首都《しゅと》ブラジリアは**計画都市《けいかくとし》**※2として発展《はってん》しているわ。けれど貧《まず》しい人々《ひとびと》もたくさんいて、**格差《かくさ》の広《ひろ》がり**が問題《もんだい》なの。

ブラジリア（首都《しゅと》）
リオデジャネイロ

カーニバルではサンバというダンスを踊るんだ世界中から観光客が来るよ

ブラジルはサッカーワールドカップ※3で優勝回数がもっとも多い国なんだ

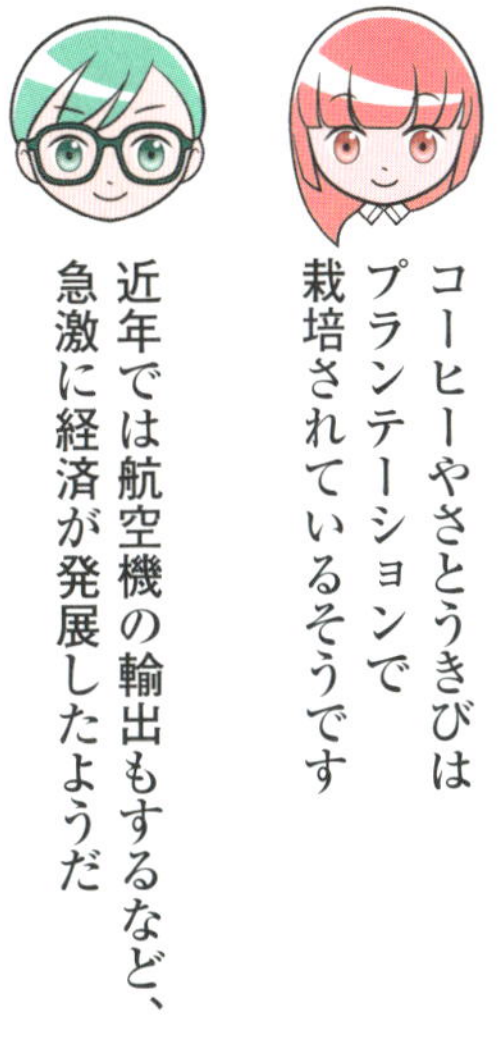
コーヒーやさとうきびはプランテーションで栽培されているそうです
近年では航空機の輸出もするなど、急激に経済が発展したようだ

※1 生物（バイオマス）のエネルギーを利用して作られる燃料のこと。
※2 あらかじめ作られている計画をもとに作られる都市のこと。ブラジリアは「未来型計画都市」と呼ばれ、ユニークなデザインの建物も多い。
※3 2017年現在。

【58】

ここが知《し》りたい！世界《せかい》の国々《くにぐに》⑱ アンデス山脈《さんみゃく》がまたがる国々《くにぐに》

南《みなみ》アメリカの西岸《せいがん》にそって広《ひろ》がる**アンデス山脈《さんみゃく》**は、標高《ひょうこう》6000m以上《いじょう》の山《やま》が数多《かずおお》く連《つら》なる、**世界一長《せかいいちなが》い山脈《さんみゃく》**なんだ。北《きた》からベネズエラ、コロンビア、エクアドル、ペルー、ボリビア、チリ、アルゼンチンの7か国《こく》にまたがっているよ。

これらの国々《くにぐに》には、高地《こうち》ならではの見《み》どころがたくさんある。ボリビアにある**ウユニ塩地《えんち》**（**塩原《えんげん》・塩湖《えんこ》とも**）は、湖面一面《こめんいちめん》に塩《しお》が張《は》った「塩《しお》の大地《だいち》」といわれる湖《みずうみ》。はるか昔《むかし》、地面《じめん》が盛《も》り上《あ》がりアンデス山脈《さんみゃく》となったとき、大量《たいりょう》の海水《かいすい》が山《やま》の上《うえ》に残《のこ》されてできたんだ。ペルーとボリビアにまたがる**ティティカカ湖《こ》**は、世界《せかい》でもっとも高《たか》い場所《ばしょ》にある、船《ふね》が通《とお》れる湖《みずうみ》として有名《ゆうめい》。かつてのインカ帝国《ていこく》の都市《とし》であり、現在《げんざい》の**ペルー**に位置《いち》する**マチュ・ピチュ遺跡《いせき》**は、雲《くも》の上《うえ》にあることから、空中都市《くうちゅうとし》と呼《よ》ばれ人気《にんき》を集《あつ》めているよ。

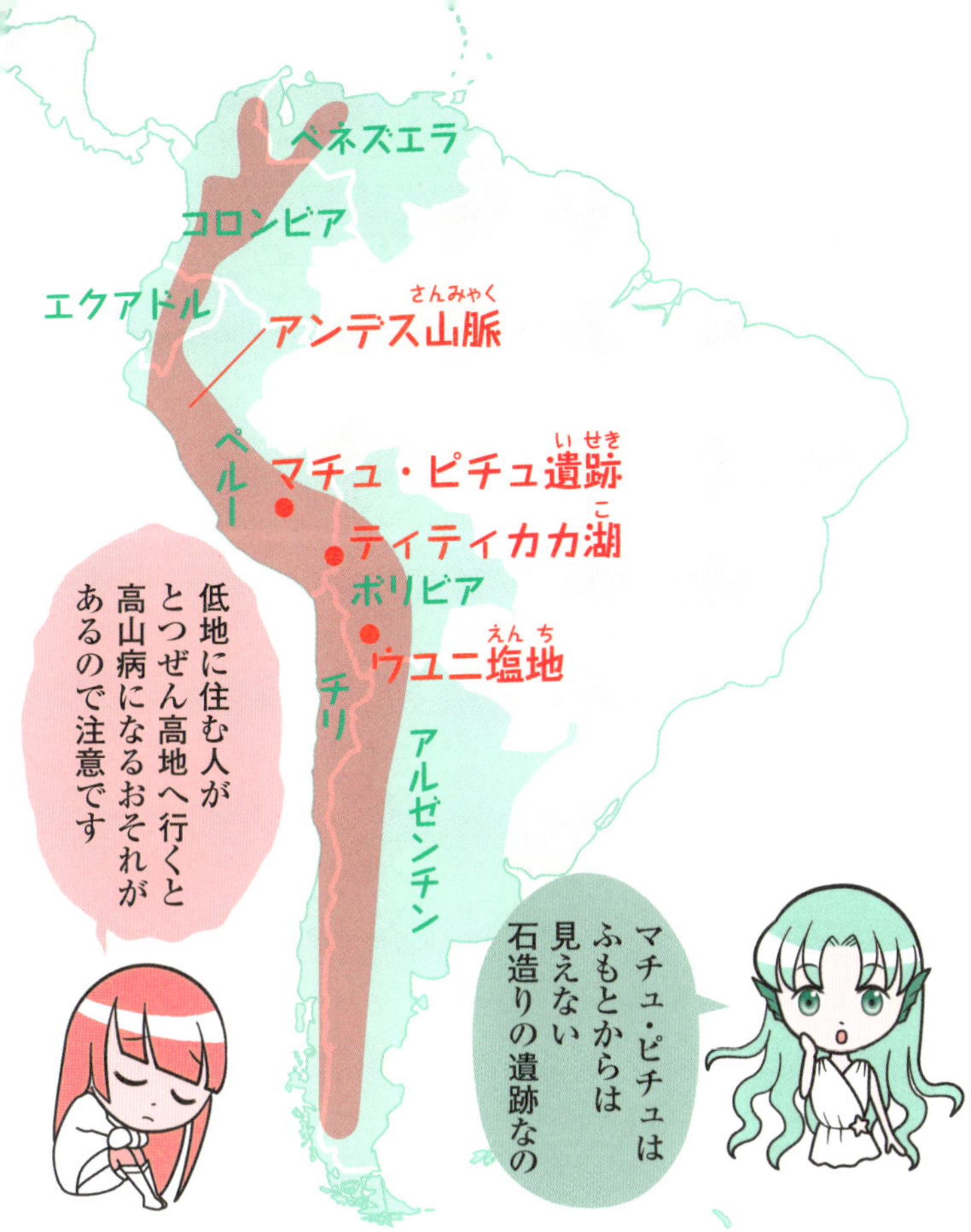

ベネズエラ
コロンビア
エクアドル
アンデス山脈《さんみゃく》
ペルー
マチュ・ピチュ遺跡《いせき》
ティティカカ湖《こ》
ボリビア
ウユニ塩地《えんち》
チリ
アルゼンチン
マチュ・ピチュはふもとからは見えない石造りの遺跡なの
低地に住む人がとつぜん高地へ行くと高山病になるおそれがあるので注意です

ボリビアの首都・ラパスは、標高4058m。富士山より高いところにあるんだな!
赤道付近では高地のほうがくらしやすいんですね

かいとたまみのワールドレポート 9

だれがどこで建《た》てたのか…
ふしぎなふしぎなモアイ像《ぞう》！

モアイ像《ぞう》は、チリの領土《りょうど》である島《しま》・ラパヌイ（イースター）島《とう》にある、人《ひと》の顔《かお》から肩《かた》までの形《かたち》をした石造彫刻《せきぞうちょうこく》なの。

高《たか》さは平均《へいきん》3.5ｍで、重《おも》さは20トンほど。

ラパヌイ島《とう》には、この彫刻《ちょうこく》がおよそ900体《たい》（製作中《せいさくちゅう》のものも含《ふく》める）も存在《そんざい》しているのよ！

もっとも大《おお》きいモアイ像《ぞう》は、高《たか》さ20ｍ、重《おも》さ90トンもあるんだからびっくりよね。

機械《きかい》もない時代《じだい》に、だれがどうやって建《た》てたのか……なぞだらけの像《ぞう》なのよ。

Q 何《なん》のために建《た》てたの？

A いろいろな説《せつ》がありますが、今《いま》のところ、ピラミッドと同《おな》じように「えらい人《ひと》のお墓《はか》として建《た》てられた」という説《せつ》が有力《ゆうりょく》です。モアイ像《ぞう》の台座《だいざ》から人《ひと》の骨《ほね》のようなものが出《で》てきたことや、いくつかのモアイ像《ぞう》の頭部《とうぶ》が「プカオ」という当時《とうじ》の男性《だんせい》の髪型《かみがた》を模《も》していることが理由《りゆう》としてあげられます。

Q どうやって建《た》てたの？

A モアイ像《ぞう》は100ｍほどの高《たか》さのがけから切《き》り出《だ》した岩《いわ》を、何《なん》kmも移動《いどう》させて作《つく》り上《あ》げた……というのが、現在考《げんざいかんが》えられている説《せつ》。移動《いどう》には丸太《まるた》を並《なら》べたレールと木《き》でできたソリが使《つか》われたとされていますが、「重《おも》い石《いし》を木《き》のソリで運《はこ》べるのか？」「長《なが》いレールを作《つく》るほどたくさんの木《き》があったのか？」などの疑問《ぎもん》が残《のこ》ります。

モアイ像《ぞう》にまつわる奇妙《きみょう》な物語《ものがたり》…

歩《ある》くモアイ像《ぞう》!?

どのように岩《いわ》が運《はこ》ばれたのか、決定的《けっていてき》な説《せつ》がないモアイ像《ぞう》。ラパヌイ島《とう》には、「モアイ像《ぞう》が自分《じぶん》で歩《ある》いて移動《いどう》した」という伝説《でんせつ》が残《のこ》されています。遠《とお》い遠《とお》い昔《むかし》の出来事《できごと》、真相《しんそう》は未《いま》だに闇《やみ》の中《なか》……。

モアイ像《ぞう》の目《め》のなぞ

モアイ像《ぞう》の中《なか》には、目《め》がはめこまれているものもあったそう。しかしこの目《め》、ラパヌイ島《とう》の周辺《しゅうへん》ではとれるはずもない、サンゴ（石灰岩《せっかいがん》）でできていたのです！ 当時《とうじ》の人々《ひとびと》が、なんらかの手段《しゅだん》で遠《とお》い海《うみ》と貿易《ぼうえき》をしていた可能性《かのうせい》もあります。

モアイ像《ぞう》のまわりを掘《ほ》ってみたら…

モアイ像製造地《ぞうせいぞうち》として有名《ゆうめい》な、ラパヌイ島《とう》の「ラノ・ララク」。製作途中《せいさくとちゅう》のモアイ像《ぞう》がたくさん放置《ほうち》されています。その中《なか》の一《ひと》つを、ある研究《けんきゅう》チームが掘《ほ》ってみたところ、出《で》てきたのはモアイの胴体《どうたい》！ しかも背中《せなか》には入《い》れ墨《ずみ》のような彫刻《ちょうこく》が……。今《いま》では「足《あし》のあるモアイ像《ぞう》もあるのでは」と考《かんが》えられています。

【59】オセアニア州《しゅう》ってどういうところ？

オーストラリアを中心《ちゅうしん》に、島《しま》がたくさん！

オセアニア州《しゅう》は、**オーストラリア大陸《たいりく》**と、島国《しまぐに》である**ニュージーランド**を中心《ちゅうしん》に、**太平洋《たいへいよう》に浮《う》かんでいる小《ちい》さな島々《しまじま》をふくめた地域《ちいき》**なの。太平洋《たいへいよう》のうちオセアニア州《しゅう》に属《ぞく》している部分《ぶぶん》は、**ミクロネシア**、**メラネシア**、**ポリネシア**という３つの区分《くぶん》に分《わ》けられているのよ。「聞《き》いたことがないなあ」ですって？　そうね、名前《なまえ》そのものは有名《ゆうめい》じゃないかも。でも、ミクロネシアにはアメリカの自治領《じちりょう》※である**サイパン島《とう》**や**グアム島《とう》**が、メラネシアには**フィジー共和国《きょうわこく》**が、ポ

熱帯に属するハワイやサイパン、グアムなどの島々は常夏の島などといわれているわ日本からの観光客がとても多いの
「ーネシア」は古代ギリシャ語で「諸島」を意味する「ネーシア、ネシア」が語源となった言葉だよ

リネシアにはアメリカの州《しゅう》（日本の県《けん》のようなもの）の一《ひと》つである**ハワイ諸島**《しょとう》や、フランスの植民《しょくみん》地《ち》でもある**タヒチ島**《とう》が、それぞれ属《ぞく》しているの。今《いま》あげた島々《しまじま》は、観光地《かんこうち》としても有名《ゆうめい》よね。

オセアニア州《しゅう》の島々《しまじま》は、18世紀《せいき》から19世紀《せいき》にかけて、ヨーロッパの人々《ひとびと》に植民地化《しょくみんちか》されてしまったの。だから今《いま》でもオセアニアに属《ぞく》していながら、他国《たこく》に支配《しはい》されている島《しま》がたくさんあるのね。

オセアニアの語源は、海を意味する「ocean（オーシャン）」。美しく自然豊かな海に囲まれているからなんですね

小さな島々は、さんご礁が海面に持ち上がったり、火山の働きによって生まれたりしたもの。見る分には美しいが、くらすには苦労があるらしい

※ ある国の領土でありながら、そこに住む人々がある程度自由に政治などをおこなうことがゆるされている場所。

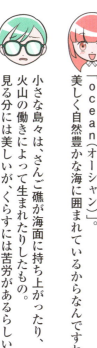

オセアニア州《しゅう》

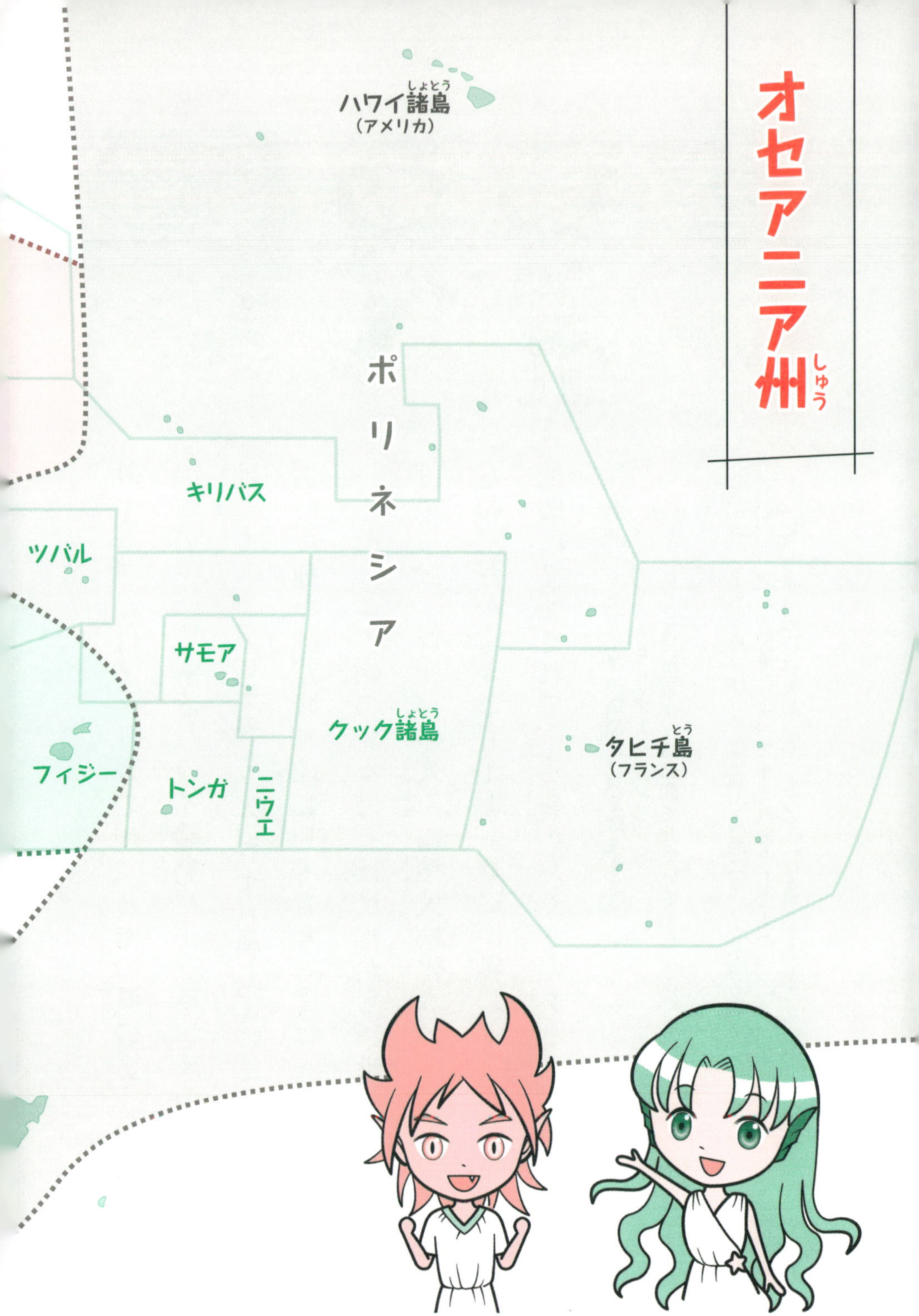
ハワイ諸島《しょとう》
（アメリカ）
ポリネシア
キリバス
ツバル
サモア
フィジー
トンガ
ニウエ
クック諸島《しょとう》
タヒチ島《とう》
（フランス）

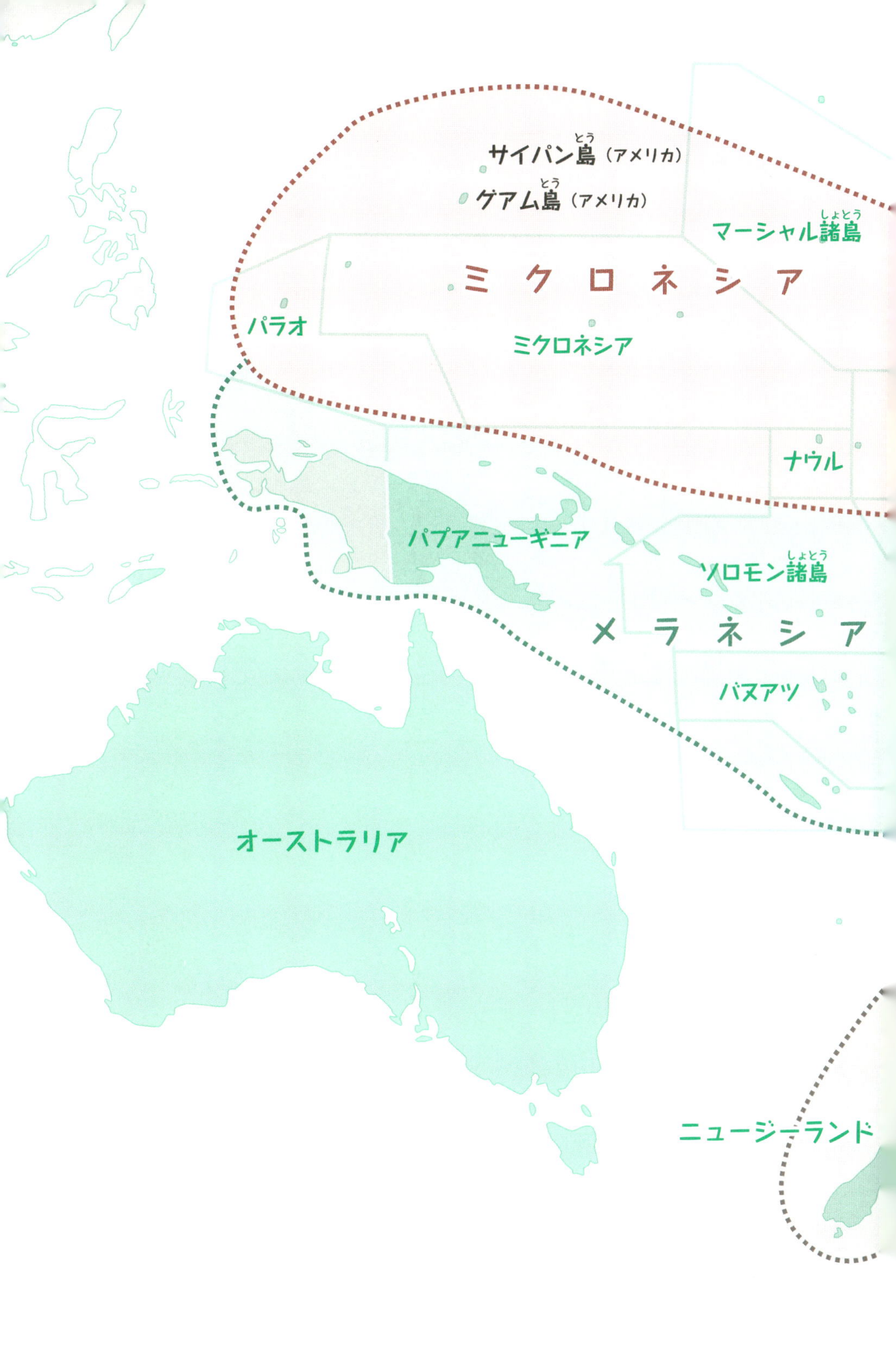
サイパン島《とう》（アメリカ）
グアム島《とう》（アメリカ）
マーシャル諸島《しょとう》
ミクロネシア
パラオ
ミクロネシア
ナウル
パプアニューギニア
ソロモン諸島《しょとう》
メラネシア
バヌアツ
オーストラリア
ニュージーランド

【60】ここが知《し》りたい！世界《せかい》の国々《くにぐに》⑲ オーストラリア

南半球《みなみはんきゅう》に位置《いち》しているオーストラリアは、北半球《きたはんきゅう》にある日本とは季節《きせつ》が逆《ぎゃく》になるんだ。日本が冬《ふゆ》ならオーストラリアは夏《なつ》……というようにね。日本ではコートを着《き》ているサンタクロースも、オーストラリアでは水着《みずぎ》を着《き》ている！なんていうことも。

もともとこの国《くに》には、**アボリジニ**という先住民《せんじゅうみん》たちが住《す》んでいて、ブーメランなどで狩《か》りをしながらくらしていた。ところが18世紀《せいき》に入《はい》り、ヨーロッパの人々《ひとびと》がやってきて国《くに》を作《つく》ってから、彼《かれ》らは人種《じんしゅ》差別《さべつ》を受《う》ける存在《そんざい》になってしまったんだ。1967年《ねん》にアボリジニたちの国民《こくみん》としての権《けん》利《り》が認《みと》められてからは、彼《かれ》らの伝統文化《でんとうぶんか》を守《まも》る活動《かつどう》がおこなわれるようになったよ。

現在《げんざい》、日本は石炭《せきたん》や鉄鉱石《てっこうせき》など、オーストラリアから多《おお》くのものを輸入《ゆにゅう》している。農産物《のうさんぶつ》で有名《ゆうめい》なのはオージー・ビーフと呼《よ》ばれる牛肉《ぎゅうにく》だね。

オーストラリアでは人より牛の数のほうが多いそうです！

「白豪主義」といって、白人以外の移民を禁止する法律もあったけど、やがて廃止された。今は多民族国家だよ

オーストラリアといえばコアラ！絶滅危惧種として大切に保護されています

オーストラリアのほぼ中心に「ウルル」という大きな1枚の岩があるアボリジニの聖地として世界遺産に登録されているんだ

かいとたまみの ワールドレポート 10

クリスマスなのに…真夏《まなつ》なんです！ オーストラリアのクリスマス

クリスマスといえば、もみの木《き》に降《ふ》る雪《ゆき》ですよね。ホワイトクリスマス（雪《ゆき》が降《ふ》っているクリスマスのこと）、すてきです！

それは日本の話《はなし》でしょ？ 南半球《みなみはんきゅう》にあるオーストラリアでは、12月《がつ》24、25日《にち》のクリスマスは真夏《まなつ》にあたるんだ。日本とは過《す》ごし方《かた》も大《おお》ちがい！ ここではオーストラリア流《りゅう》・真夏《まなつ》のクリスマスの楽《たの》しみ方《かた》を紹介《しょうかい》するよ。

その1 イベントの定番《ていばん》は…

ビーチでバーベキュー！

海《うみ》に囲《かこ》まれたオーストラリアでは、家族《かぞく》や友《とも》だちと一緒《いっしょ》に、冷《つめ》たい飲《の》み物《もの》を持《も》ってビーチへバーベキューに出《で》かけるのがクリスマスの定番《ていばん》イベント！　たっぷり食《た》べて、たくさんおしゃべりして、ワイワイ楽《たの》しむんだって。

昼間《ひるま》から海《うみ》で遊《あそ》ぶのがオーストラリア流《りゅう》なんだな

その2 ごちそうの定番《ていばん》は…

七面鳥《しちめんちょう》よりシーフード!?

もちろん、伝統的《でんとうてき》なクリスマス料理《りょうり》である七《しち》面鳥《めんちょう》の丸《まる》焼《や》きなどを食《た》べる家《いえ》もあるけれど、肉《にく》より料理《りょうり》が簡単《かんたん》なエビや貝《かい》をたっぷり使《つか》った、夏《なつ》らしいごちそうを用意《ようい》する家庭《かてい》が増《ふ》えているそうだよ。そのかわり、デザートはイギリス風《ふう》のどっしりとしたケーキなんだって。

ゆでたシーフードのサラダや
マリネ、おいしそうですよね!

その3 サンタクロースのパートナーは…

トナカイじゃなくて白《しろ》いカンガルー!

オーストラリアの学校《がっこう》でも歌《うた》われているクリスマスソングに「オーストラリアのクリスマスは夏《なつ》だからトナカイはぐったりして走《はし》れない」「かわりに6ぴきの白《しろ》いカンガルーがソリをひく」という歌詞《かし》があるんだって! 実際《じっさい》に、突然変異《とつぜんへんい》で白《しろ》くなるカンガルーもいるんだそう。

トナカイは寒《さむ》い場所《ばしょ》に
生息《せいそく》する生《い》き物《もの》だから、
夏《なつ》はつらそうだな

オーストラリアのクリスマス、
どうだった?
日本にくらす人《ひと》たちも、
夏気分《なつきぶん》で「オーストラリア風《ふう》
クリスマス」を実践《じっせん》したら
楽《たの》しいかもね!

1 画像《がぞう》でイメージ！これはどこの国《くに》？

何《なん》ですか、この落書《らくが》きは？

何《なに》を言《い》う！　ヨーロッパ以降《いこう》に調《しら》べた国《くに》を芸術《げいじゅつ》で表《あらわ》したんじゃないか！

★ミッション！

かいとの描《か》いた絵《え》から、連想《れんそう》される国《くに》を答《こた》えましょう。

（1）

1枚目《まいめ》

2枚目《まいめ》

この黒《くろ》いかたまり、何《なに》かしら…

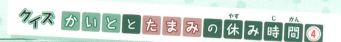

（2）

1枚目《まいめ》

2枚目《まいめ》

我《われ》ながらおいしそう
にかけたぞ！

（3）

1枚目《まいめ》

2枚目《まいめ》

自分《じぶん》のてのひらでも
描《か》いたんですか？

答《こた》えは186ページに！

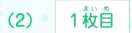

2 勝負《しょうぶ》！世界《せかい》DE《デ》しりとり

どれだけ知識《ちしき》をたくわえることができたか、確《たし》かめてみないか？

じゃあ、しりとりで勝負《しょうぶ》しましょう！

★ミッション！

ヒント をもとに、かいとたまみのしりとりを完成《かんせい》させましょう。（「は」→「ば」「ぱ」のようなつなげ方《かた》もOK。漢字《かんじ》は入《はい》りません）

① イ□□□□

ヒント 現在《げんざい》はアラスカ方面《ほうめん》に住《す》んでいる、アメリカの先住民族《せんじゅうみんぞく》です

↓

② □□□

ヒント かつては東西《とうざい》に分《わ》かれていた、ヨーロッパの国《くに》だ

↓

③ □□ドラ

ヒント 凍《こお》った土《つち》の上《うえ》に草《くさ》やこけが生《は》えた地形《ちけい》。シベリア方面《ほうめん》に広《ひろ》がっています

↓

④ ラ□□□□

ヒント イタリアの芸術家《げいじゅつか》だ。レオナルド・ダ・ヴィンチ、ミケランジェロ、もう一人《ひとり》は？

↓

⑤ □□□

ヒント イタリアの首都《しゅと》。バチカンがある場所《ばしょ》です

↓

⑥ □□□・□□□いせき

ヒント 空中都市《くうちゅうとし》と呼《よ》ばれている遺跡《いせき》だ！

↓

⑦ きた□□□□しゅう

ヒント アメリカ合衆国《がっしゅうこく》やカナダふくむ州《しゅう》ですね

↓

⑧ ヴ□□□□□

ヒント イタリアにある「水《みず》の都《みやこ》」と呼《よ》ばれる都市《とし》だ

↓

⑨ □□□□□

ヒント かつてオーストラリアにいた先住民族《せんじゅうみんぞく》ですよ！

答《こた》えは186ページに！

クイズの答《こた》え

1

（1）イギリス

蒸気《じょうき》機関《きかん》が初《はじ》めて交通《こうつう》に使《つか》われたのはイギリスだ。
紅茶《こうちゃ》はもちろんアフタヌーンティー！

（2）ドイツ

高級《こうきゅう》自動車《じどうしゃ》といえばドイツ。2枚目《まいめ》はドイツでよく
食《た》べられているじゃがいもだ。

（3）カナダ

滝《たき》はナイアガラの滝《たき》だな。
カエデはメープルシロップの原料《げんりょう》だ。

2

① イヌイット → ② ドイツ → ③ ツンドラ
→ ④ ラファエロ → ⑤ ローマ
→ ⑥ マチュ・ピチュいせき → ⑦ きたアメリカしゅう
→ ⑧ ヴェネツィア → ⑨ アボリジニ

引《ひ》き分《わ》けだな…
絵《え》は私《わたし》のほうが絶対《ぜったい》にうまいですよ！

世界《せかい》について、ずいぶんたくさんのことを学《まな》びましたね

いやいや！　まだまだ紹介《しょうかい》していない国《くに》や地域《ちいき》もたくさんあるよ

本当《ほんとう》はほかにもおすすめがいろいろあるの。
でも、なにせ190か国以上《こくいじょう》もあるものだから…

だいじょうぶ。ここまで教《おそ》わったことをもとに、
興味《きょうみ》のある場所《ばしょ》を調《しら》べてみることにするよ

環境《かんきょう》に気《き》をつけながら、その国《くに》の文化《ぶんか》や言語《げんご》、
思想《しそう》を尊重《そんちょう》して、いろんな場所《ばしょ》を回《まわ》ってみたいと
思《おも》います

うん、一番大事《いちばんだいじ》なこと、きちんとわかってるね！

これで究極のガイドブックが作れるぞ！
ベストセラーまちがいなしですね！
それにしても世界にはさまざまな国があるんだな
日本以外の場所もすてきでした！
本ができたら送りますね！
ここの住所を教えてくれないか？
住所なんて私たちにはないのよ
どろんっ

ごめんなさいねー
私たち
人間じゃないの
あらゆる場所を回って
長い時を生きてるんだ
もう行かなくちゃ
いけないわ
いい本
作れよ！
バイ
バーイ
あいつら…
何者
だったんだ
なの
二人の正体は
次のページへ！

東西《とうざい》に広《ひろ》がる 人魚《にんぎょ》＆竜《りゅう》伝説《でんせつ》

人魚《にんぎょ》と竜《りゅう》の伝説《でんせつ》は、外見《がいけん》や物語《ものがたり》を変化《へんか》させながら、世界中《せかいじゅう》で語《かた》りつがれているよ。ここでは、東洋《とうよう》と西洋《せいよう》それぞれの人魚《にんぎょ》＆竜伝説《りゅうでんせつ》を教《おし》えちゃいます！

東洋《とうよう》の伝説《でんせつ》

人魚《にんぎょ》

人魚《にんぎょ》は不老不死《ふろうふし》の薬《くすり》!?

日本にはいくつかの人魚伝説《にんぎょでんせつ》が残《のこ》されているわ。その一《ひと》つに、上半身《じょうはんしん》は人《ひと》、下半身《かはんしん》は魚《さかな》の生《い》き物《もの》の肉《にく》を食《た》べてみたら、何百年《なんびゃくねん》も生《い》き続《つづ》ける「不《ふ》老不死《ろうふし》」の体《からだ》になってしまった……！という物《もの》語《がたり》があるの。人魚《にんぎょ》の肉《にく》を食《た》べてしまった人《ひと》は「八百比丘尼《やおびくに》」と呼《よ》ばれるようになり、死《し》ぬためにさまよい歩《ある》いたんですって。人魚《にんぎょ》を食《た》べて、人魚《にんぎょ》になったというパターンもあるわ。

竜《りゅう》

9種《しゅ》の動物《どうぶつ》が交《ま》ざった「神《かみ》」！

東洋《とうよう》の竜《りゅう》は神《かみ》としてあがめられる存在《そんざい》だよ。国《くに》を守《まも》ってくれるなど、人間《にんげん》に対《たい》して友好的《ゆうこうてき》な印象《いんしょう》が強《つよ》いようだね。中国《ちゅうごく》の竜《りゅう》は、角《つの》は「鹿《しか》」、頭《あたま》は「ラクダ」、目《め》は「鬼《おに》かウサギ」、体《からだ》は「大蛇《だいじゃ》」、腹《はら》は「シン（伝説上《でんせつじょう》の怪《かい》物《ぶつ》）」、背《せ》の鱗《うろこ》は「鯉《こい》」、爪《つめ》は「タカ」、手《て》は「トラ」、耳《みみ》は「牛《うし》」と、9種類《しゅるい》の動物《どうぶつ》が交《ま》ざった姿《すがた》とされているんだ。

西洋《せいよう》の伝説《でんせつ》

人魚《にんぎょ》

歌声《うたごえ》で船乗《ふなの》りを誘惑《ゆうわく》…

有名《ゆうめい》なのは人魚姫《にんぎょひめ》の物語《ものがたり》だけれど、きれいなだけじゃないのが人魚《にんぎょ》の特《とく》ちょう。西洋《せいよう》の人魚《にんぎょ》は、美《うつく》しい声《こえ》で歌《うた》を歌《うた》い、その歌《うた》に聞《き》きほれた船乗《ふなの》りたちを遭難《そうなん》させたり、船《ふね》を難破《なんぱ》させてしまう、怪物《かいぶつ》の一種《いっしゅ》とも考《かんが》えられていたの。ギリシャ神《しん》話《わ》ではセイレーン、ドイツではローレライ（水《みず》の妖精《ようせい》、魔女《まじょ》という説《せつ》も）など、国《くに》によってさまざまな呼《よ》び方《かた》をされているわ。

竜《りゅう》

悪魔《あくま》の化身《けしん》と恐《おそ》れられる！

西洋《せいよう》の竜《りゅう》・ドラゴンは、羽《はね》のはえた姿《すがた》で描《えが》かれていることが多《おお》いよね。この羽《はね》は、実《じつ》は悪魔《あくま》の羽《はね》！　西洋《せいよう》では、ドラゴンは悪魔《あくま》の使《つか》いと考《かんが》えられているから、同《おな》じ羽《はね》をはやした姿《すがた》で表現《ひょうげん》されるんだ。また、ドラゴンの名前《なまえ》の由来《ゆらい》は、ギリシャ語《ご》で「巨大《きょだい》なヘビ」を意味《いみ》する「ドラコーン」。は虫類《ちゅうるい》のような見《み》た目《め》をしているのも納得《なっとく》でしょう？

ずいぶんおそろしい伝説《でんせつ》ばかりのようだが…
あの二人《ふたり》はいい人《ひと》たちで良《よ》かったです…

監修　竹林和彦（たけばやし・かずひこ）

早稲田実業学校中等部高等部教諭。初等部中高等部連携担当。1967年6月17日生まれ。早稲田大学大学院教育学研究科修了後、駒澤大学大学院人文科学研究科博士課程単位取得満期退学。専門は人文地理学、都市地理学、地理教育。早稲田大学教育学部助手、講師を務めたのち、渋谷教育学園渋谷中学高等学校教諭を経て2015年より早稲田実業学校教諭となる。現在、早稲田大学社会科学部、実践女子大学人間社会学部でも授業を担当している。趣味は妻と一緒に旅行すること。

編著　朝日小学生新聞

読《よ》めばわかる！　世界地理《せかいちり》

2017年 3月31日　初版第1刷発行
2017年11月15日　　　第2刷発行

イラスト　松本菜月
発行者　植田幸司
編集　當間光沙
デザイン・DTP　村上史恵　李澤佳子

発行所　朝日学生新聞社
〒104-8433　東京都中央区築地5-3-2　朝日新聞社新館9階
電話　03-3545-5227（販売部）
03-3545-5436（出版部）
http://www.asagaku.jp（朝日学生新聞社の出版案内など）

印刷所　株式会社　光邦

ISBN　978-4-907150-73-0